Keine Macht den Gute-Laune-Dieben

Christian Püttjer und *Uwe Schnierda* arbeiten seit mehr als 15 Jahren als Trainer und Berater in den Bereichen Karriere, Bewerbung und Kommunikation; sie sind Autoren zahlreicher erfolgreicher Bewerbungsratgeber (www.karriereakademie.de).

Aus ihrer Erfahrung als Coaches wissen sie, wie man mit schwierigen Menschen umgeht – sei es im Berufs- oder Privatleben. Ihre vielfältigen Erfahrungen und besten Ratschläge für den Umgang mit komplizierten Zeitgenossen sind in dieses Buch eingeflossen.

Christian Püttjer & Uwe Schnierda

Keine Macht den Gute-Laune-Dieben

Wie Ihnen schwierige Mitmenschen nicht mehr den letzten Nerv rauben

Mit Illustrationen von Hillar Mets

Campus Verlag
Frankfurt/New York

Bibliografische Information der Deutschen Nationalbibliothek:
Die Deutsche Nationalbibliothek verzeichnet diese Publikation in der
Deutschen Nationalbibliografie. Detaillierte bibliografische Daten
sind im Internet unter http://dnb.d-nb.de abrufbar.
ISBN 978-3-593-38685-0

Umschlaggestaltung: R.M.E, Roland Eschlbeck und Ruth Botzenhardt
Satz: Publikations Atelier, Dreieich
Druck und Bindung: Druck Partner Rübelmann, Hemsbach
Gedruckt auf säurefreiem und chlorfrei gebleichtem Papier.
Printed in Germany

Besuchen Sie uns im Internet: www.campus.de

Inhalt

Einleitung:
Lassen Sie sich Ihr Glück nicht stehlen!

Das Thema Glück hat offensichtlich Hochkonjunktur. Immer mehr Menschen fragen sich: »Was macht mich glücklich?« oder »Was kann ich für mein Glück tun?« Einfache Lösungen gibt es nicht, daher ist guter Rat gefragt. So ist es kein Wunder, dass sich auf den Bestsellerlisten seit geraumer Zeit Glücksratgeber regelmäßig auf den vordersten Rängen finden lassen. Gut sortierte Buchhandlungen präsentieren ihrer Kundschaft auf Sondertischen Dutzende von Glücksanleitungen. In Zeitschriften, Zeitungen und im Internet werden ständig neueste Erkenntnisse aus den wissenschaftlichen Studien der Glücksforscher veröffentlicht. Und auch im Fernsehen bemühen sich selbst ernannte Glücksgurus redlich, einer immer größer werdenden Schar von Glückssuchern den optimalen Weg zu weisen.

Wir folgen nicht dem Mainstream der Glücksverkünder und Glückspropheten, die Ihnen einreden wollen, dass es reicht, eine individuelle Wunschliste des Glücks zu schreiben und diese dann beim Weihnachtsmann, beim Universum oder gleich beim lieben Gott einzureichen. Wir glauben nicht daran, dass schon Ihr ordentlich aufgeräumter Schreibtisch zu mehr Glück und Zufriedenheit führt. Und auch sämtlichen »10-Punkte-Plänen«, »7-Schritte-Programmen« und »1 000 himmlischen Tipps« für ein glückliches Leben in kürzester Zeit stehen wir skeptisch bis ablehnend gegenüber. Denn all diese Ansätze zielen lediglich auf den Einzelnen, vernachlässigen aber den Blick auf das Umfeld der Menschen, die sich mehr Lebensfreude wünschen.

Unserer festen Überzeugung nach hat Ihr Glück nämlich nicht nur damit zu tun, was Sie im stillen Kämmerlein allein für sich tun, welche individuellen Ziele Sie verfolgen und welche persönlichen Wünsche Sie haben. Glück lässt sich nun einmal nicht unter künstlichen Laborbedingungen erzeugen – Sie müssen es auch in Ihrem sozialen Umfeld leben können. Es gilt daher, einen intensiven Blick auf die Menschen zu werfen, die Ihr Umfeld ausmachen. Insbesondere dann, wenn Sie sich häufig fragen, ob die Dinge nicht etwas runder laufen könnten als bisher, ob nicht doch öfter bessere Stimmung herrschen könnte, und ob es nicht doch einen Ihnen noch unbekannten Weg gibt, der zu mehr Miteinander, Gelassenheit und Harmonie führen könnte.

Denn ob wir uns gut fühlen, ob wir an uns glauben, und ob wir der Zukunft gelassen oder sogar optimistisch gegenüberstehen, hängt schließlich nicht nur von uns ab, sondern auch von denjenigen, die uns im Privatleben, am Arbeitsplatz, in der Freizeit oder im Alltag begegnen.

Der Einfluss anderer sollte nicht unterschätzt werden: Wir stehen ständig im Kontakt mit anderen Menschen, wir treffen auf fremde Meinungen und müssen uns mit anderen auseinandersetzen. Und wenn Sie sich dabei oft unverstanden, nicht ernst genommen oder sogar unglücklich fühlen, sollten Sie gründlich prüfen, ob Sie nicht zu viel Zeit mit Menschen verbringen, denen es immer wieder gelingt, Ihre gute Laune zu sabotieren.

Vielen Glückssuchern, die noch nicht ihr Ziel erreicht haben, mangelt es sicherlich nicht an gutem Willen. Ein echtes Glückshindernis sehen wir vielmehr darin, dass sie nicht wissen, wer oder was sie am Glücklichsein hindert. Wir möchten Ihnen die Augen dafür öffnen, dass es destruktive Kräfte gibt, die mit aller Macht verhindern wollen, dass wir glücklich durchs Leben gehen. Unser Anliegen ist es, diese negativen Kräfte zu entlarven, damit Sie ihrer bösen Wirkung nicht mehr länger schutzlos ausgesetzt sind.

Bitte schieben Sie nun nicht reflexartig Ihren Mitmenschen die Schuld zu! Weder Ihr Partner noch Ihre Kollegin, weder Ihr Nachbar noch Ihr Kumpel aus dem Sportverein hat ein ureigenes Interesse daran, Sie missmutig zu sehen. Doch möglicherweise steht Ihr Gegenüber unter dem Einfluss der bereits genannten destruktiven Kräfte: Stellen Sie sich das vor wie ein *kleines Teufelchen*, das ihm auf der Schulter sitzt und ihn mit flüsternder Stimme auffordert, Sie am Glücklichsein zu hindern.

Als professionelle Berater, Coaches und Trainer stehen wir schon seit über 15 Jahren lang in direktem Kontakt mit Menschen, die Veränderungen in ihrem Leben herbeisehnen und etwas dafür tun wollen. Man schüttet uns gegenüber gerne das Herz aus, wenn die Dinge sich beruflich oder privat nicht so entwickeln, wie es sich viele tief in ihrem Innersten eigentlich wünschen. Daher sind wir nicht nur mit der Sonnenseite des Lebens, sondern auch mit den Sorgen, Nöten und Zweifeln der Menschen bestens vertraut. So ist es für uns keine Überraschung, dass viele Menschen uns gegenüber das unbestimmte Gefühl beschreiben, dass ihnen der Dreh für ein glücklicheres Leben wohl noch nicht gelungen ist, obwohl es diesen Dreh doch eigentlich geben müsste.

In unseren vielen Gesprächen stellen wir immer wieder fest, dass fast alle Menschen – mehr oder weniger aktiv – auf der Suche nach mehr Harmonie, Wohlbehagen und Hochgefühl sind. Es scheint der Mehrzahl ein tiefes inneres Bedürfnis zu sein, ein zufriedenes Miteinander anzustreben. Und nicht wenige sind auf der Suche nach einem Leben mit mehr Glücksmomenten als bisher. Leider ist den wenigsten bekannt, was sie dafür tun könnten und was oder wer sie an der Erreichung ihres Herzenswunsches hindert.

Und an genau dieser Stelle möchten wir ansetzen: Wir werden für Sie den Schleier des Geheimnisses lüften und Ihnen im weiteren Verlauf dieses Buches zeigen, welche hinterlistigen Saboteure unsere ernsthaften Anstrengungen der alltäglichen Glückssuche immer wieder behindern. Unser Wunsch ist es, Ihnen zu erklären, wie Sie diese durchtriebenen Akteure überlisten können, denn Sie sollten sich Ihr Glück nicht stehlen lassen.

Wie so oft lohnt auch ein kurzer Blick auf sich selbst: Denn natürlich sind nicht nur Sie von anderen Menschen umgeben – für Ihren Partner, Ihre Kollegin, Ihren Nachbarn, Ihren Freund sind Sie auch Teil seines oder ihres sozialen Umfelds.

Und mal ehrlich: Ganz sicher haben auch Sie gelegentlich Anfälle von unangebrachter Jammerei, übertriebenem Misstrauen, störender Besserwisserei, nerviger Ungeduld, ausufernder Schwafelei, pseudoinformativer Betroffenheit oder nervtötender Routine. Wie Sie erkennen, ob und wann Sie vielleicht selbst von den stimmungstötenden Saboteuren besessen sind und was Sie dagegen tun können, erfahren Sie im Kapitel »Letzte Frage: Steckt das Böse auch in mir?«.

Im Laufe der Jahre haben wir im Rahmen unserer Beratungstätigkeit – und auch für uns persönlich – spezielle Methoden entwickelt, um die Feinde der Harmonie wirkungsvoll in die Schranken zu weisen. Dazu gehören erprobte Distanztechniken, wirksame Abwehrmaßnahmen und bewährte Tricks für mehr Gelassenheit. Die wichtigsten unserer persönlichen Erkenntnisse möchten wir Ihnen, ganz subjektiv und ohne Anspruch auf Allgemeingültigkeit, vorstellen.

Dabei erwarten wir keinesfalls, dass Sie, liebe Leserinnen und Leser, unsere Tipps ungeprüft akzeptieren oder jede Anregung für mehr individuelles Wohlbefinden sofort ausprobieren und vollständig in die eigene Lebenswirklichkeit übertragen. Wir respektieren, dass jeder Mensch sein ganz persönliches Umfeld und auch eine ganz eigenständige Persönlichkeit hat, und daher haben wir nicht den Anspruch, mit ein paar Seiten bedruckten Papiers sämtliche Probleme, Enttäuschungen und Frustrationen aus dieser Welt schaffen zu können. Also können wir Ihnen auch keine allgemeingültigen – und damit letztendlich unhaltbaren – Glücksversprechungen machen.

Wir wären aber dann zufrieden, wenn Sie auf das eine oder andere Aha-Erlebnis stoßen, das Ihnen neue Perspektiven, Erkenntnisse und Wege aufweist. Und wenn Sie künftig öfter einmal denken: »Oh, da versucht wieder einmal so ein Quälgeist, mir mein Glück zu stehlen. Aber nicht mit mir!«, wären wir hellauf begeistert. Ob Glücksskeptiker, Glücksinteressierter oder einfach glücklicher Mensch: Seien Sie uns gleichermaßen willkommen!

Auf der Glücksparty

Wichtige Fragen der Menschheit, wie die Frage »Gibt es wirklich solche listigen Gegenkräfte, die mir mein Glück stehlen wollen?«, lassen sich nicht im stillen Kämmerlein durch angestrengtes Nachdenken lösen. Wenn Sie einmal überprüfen möchten, ob Sie ausschließlich allein für Ihr Wohlbefinden zuständig sind, oder ob es nicht auch wesentlich darauf ankommt, mit welchen Menschen Sie sich umgeben, sollten Sie den Praxistest machen. Dann wird klarer werden, welchen Einfluss andere auf Sie haben.

Das letzte Tabuthema: Glück

Für gut geeignet halten wir aus persönlicher Erfahrung zwanglose Treffen in Freizeitatmosphäre, beispielsweise Partys, Feiern und Feste. Idealerweise inszeniert man dort zu fortgeschrittener Stunde (wenn bei den meisten der Anwesenden durch den Genuss enthemmender Substanzen in Form von Hochprozentigem oder anderen Modedrogen die Stimmung bereits gelockert und die Rede- und Diskussionsbereitschaft erhöht ist) eine tiefschürfende Diskussion in Sachen Glück.

Wundern Sie sich nicht, wenn am Anfang Ihrer Diskussionsrunde vielleicht erst einmal überraschtes Schweigen herrscht. Das Thema Glück ist eben das letzte echte Tabuthema. Es fällt den meisten Menschen viel leichter, im lockeren Party-Small-Talk über das aktuelle Wetter, den letzten Urlaub oder das berufliche Fortkommen zu plaudern als über so ein existenzielles Thema wie das eigene Glück. Ob dies daran liegen könnte, dass weder das Wetter noch der Urlaub oder die Karriere in direkter Weise irgendetwas mit den höheren Weihen des Glücks zu tun haben, lassen wir an dieser Stelle erst einmal dahingestellt. Nun aber wieder zurück zu unserer Party-Grundsatzdiskussion und den schwierigen ersten Minuten.

Machen Sie sich nicht zu viele Gedanken darüber, wie Sie in eine solche Diskussion einsteigen wollen. Ergreifen Sie ohne groß nachzudenken die Initiative. Ganz gleich, ob am kalten Büfett, auf dem Raucher-Balkon, beim Flirten im Garten oder auch in der Schlange vor der Toilette – Sie können Ihr Gegenüber einfach direkt fragen: »Bist du glücklich?« Sie können sich danach erkundigen: »Was macht dich glücklich?« Sie können aber auch an eine kleine Gruppe gerichtet konstatieren: »Die Gesellschaft ist unglücklich!«, oder auch die Frage aller Fragen stellen: »Was ist eigentlich Glück?«

Wie jedes Diskussionsthema, das Menschen jeglicher Altersstufe, jeglichen Bildungsgrades, jeglicher Nation und vor allen Dingen jeglichen Geschlechts befähigt mitzureden, wird es auch auf die wichtigen Fragen rund ums Glück ganz unterschiedliche Antworten und vor allem Reaktionen geben.

So wie wir es Ihnen vorschlagen, haben wir es selbst ausprobiert und die aufgeführten Glücksfragen oft Einzelpersonen gestellt, aber auch in fröhlicher Runde immer wieder zahlreiche Diskussionszirkel zum Thema Glück initiiert. Dabei haben wir die Meinungen und Ansichten unserer Mitmenschen gründlich erforscht und festgestellt, dass Glücksdiskussionen merkwürdigerweise eigentlich immer aus dem Ruder laufen. Üblicherweise entwickeln sich die Gespräche nach kurzer Zeit jedes Mal so, dass eine ganz bestimmte Atmosphäre und Stimmung entsteht, nämlich ein explosives Gemisch aus Frustrationen, Ängsten und Aggressionen.

Es ist beim Glückstalk wie in politischen Sonntagabend-Talkrunden im Fernsehen: Alle Anwesenden geben sich zunächst recht freundlich und seriös, alle beschwören ihre tolerante Grundhaltung, und alle betonen ihre Bereitschaft, selbstverständlich auch andere Meinungen gelten zu lassen. Und nachdem dieser kurze Spuk der ritualisierten – also nicht ernst zu nehmenden – Kooperationsbeschwörung vorbei ist, geht es dann in die Debatte, die uns, je nach Thema, mehr betroffene, verzweifelte oder streitlustige Akteure beschert.

Gerne reißen zunächst einmal Betroffenheitsfanatiker das Ruder an sich: Es wird gejammert, was das Zeug hält, Empörung geäußert und Anteilnahme eingefordert: »Ob ich glücklich bin? – ja, wer kann denn angesichts unserer gesellschaftlichen Situation noch von sich sagen, dass er glücklich ist?« Auf Gesprächsvorgaben dieser Art steigen dann sofort die Hoffnungslosen ein. Ihnen scheint ganz wichtig zu sein, dass Fatalismus gepredigt, Perspektivlosigkeit verteidigt und Ängste aktiv angesprochen werden: »Und das wird sich auch nicht mehr ändern. Im Gegenteil: Man sieht doch jetzt schon, dass alles noch schlimmer werden wird!« So ist es auch kein Wunder, dass sich im Eifer des Gefechts erst langsam und dann immer schneller eine Negativspirale der Verzweiflung zu drehen beginnt. Vom ersten unlösbaren Problem, das die Menschheit in ihrer gesamten Existenz bedroht, kommt man auf das zweite, vom zweiten auf das dritte, und so geht es immer weiter.

Nach kurzer Zeit ist dann die Stimmung auf dem Nullpunkt: In den Gesichtern aller spiegelt sich nur noch Ratlosigkeit, Fassungslosigkeit und Depression. Damit scheint, jedes Mal aufs Neue, unwiderruflich belegt, dass – pünktlich zum Ende der Sendezeit – der Weltuntergang beginnen wird.

Aber nicht nur Schwarzseher und Melancholiker kommen zu Wort, auch chronische Besserwisser und Streithammel finden ihren Weg, um sich ins Gespräch zu bringen: »Und das liegt ganz allein – und das werden Sie nicht gerne hören, aber es muss nun wirklich mal gesagt werden! – an Ihnen und Ihrem Verhalten in den letzten Monaten! Wenn Sie auf mich hören würden, hätten wir längst eine ganz andere Situation, aber …« Diese Spezies hält sich nicht lange mit Mitgefühl auf, sondern fällt ins Wort, wo immer es geht, platziert geschickt bösartige kleine Spitzen, startet selbst persönliche Angriffe und fordert im gleichen Atemzug vom Gegenüber, doch bitte sachlich zu bleiben. Es scheint ihnen weniger darum zu gehen, das Sachthema für Interessierte zu erhellen, sondern eher darum, wer sich die höheren Redeanteile erkämpft, wer den anderen lächerlich dastehen lässt und wer so hart austeilt, dass zartbesaitete Gesprächsteilnehmer vor Angst am liebsten aufspringen und weglaufen würden.

Jetzt bekommt das Böse einen Namen

Sie ahnen sicher schon, worauf wir hinaus möchten: Die Glücksparty, die wir Ihnen geschildert haben, ist das Leben, also auch *Ihr Leben*. Und die Menschen, die in unterschiedlichen Situationen und Konstellationen direkt und indirekt Ihr Lebensglück beeinflussen, sind *Ihre Mitmenschen*, also Ihre Freunde, Bekannten, Kollegen, Verwandten, Partner und auch Zufallsbekanntschaften.

Ihr ganz persönliches Glück wird – wenn Sie nicht aufpassen – von Ihrem Umfeld nicht selten ebenfalls durch die beschriebenen frustrierenden Statements oder auch aggressive Reaktionen beeinträchtigt werden. Mit Frustration deshalb, weil man mit allen Mitteln vermeiden möchte, dass Sie glücklich sind, obwohl man selbst ein echter Trauerkloß ist. Und mit Aggression deshalb, weil Sie mit Ihren berechtigten Forderungen nach persönlichem Glück und individueller Zufriedenheit womöglich an den Grundfesten der Selbsttäuschung derjenigen Mitmenschen rütteln, die ihre eigene innere Leere durch lautes Spektakel übertönen müssen.

Akzeptieren Sie also die bittere Erkenntnis, dass das real existierende Böse, das uns oft daran hindert, glücklich zu sein, ständig um uns ist, und mehrmals täglich versucht, uns aufs Neue in seinen schrecklichen Bann zu schlagen. Doch dieses Böse hat jetzt einen Namen. Wir nennen diese professionellen Glücksverhinderer *die Gute-Laune-Diebe*.

Damit sind wir nun zu ersten Zwischenergebnissen unserer ganz persönlichen Glücksphilosophie gekommen:

- *Gute-Laune-Diebe existieren tatsächlich*, weil es in unserer unmittelbaren Nähe hinterlistige Saboteure gibt, die uns daran hindern wollen, glücklich zu sein.
- *Gute-Laune-Diebe existieren tatsächlich*, weil diese destruktiven Kräfte keine Gelegenheit verstreichen lassen, um uns Steine in den Weg zu legen.
- Und ein drittes Mal: *Gute-Laune-Diebe existieren tatsächlich*, weil es den Feinden der Harmonie ein ausgeprägtes Grundbedürfnis ist, andere unglücklich zu sehen.

Verzweifeln Sie nun bitte nicht, wir lassen Sie mit dieser neuen Erkenntnis der permanenten Glücksbedrohung nicht allein. Wir werden gemeinsam mit Ihnen das heimliche und überaus geschickte Auftreten der Gute-Laune-Diebe in unserem Alltag entlarven und Ihnen den einen oder anderen Gegenzauber vorstellen, mit dem Sie die bösen Schreckgespenster in ihre Schranken weisen und mit einiger Übung sogar unschädlich machen können.

Wer sind die Gute-Laune-Diebe?

Auch wenn Sie jetzt bereits einen ersten Eindruck davon bekommen haben, wer Sie daran hindert, glücklicher zu sein, reicht dies bei weitem nicht aus: Um der Gefahr des Gute-Laune-Diebstahls gezielt entgegenwirken zu können, benötigen Sie mehr Hintergrundinformationen über die durchtriebenen Akteure. Das Problem dabei ist, dass die Gute-Laune-Diebe ihr Auftreten blitzschnell ändern können. Sie wollen nicht erkannt werden und im Dunkeln bleiben, damit sie ihr böses Spiel mit uns immer weiter treiben können. Erschwerend kommt hinzu, dass die Gute-Laune-Diebe auch gerne in Gruppen zu zweit oder zu dritt auftreten, um schon allein durch diese Präsenz Angst und Schrecken zu verbreiten.

Glücklicherweise sind Sie bei der gefährlichen und unangenehmen Herausforderung, die Gute-Laune-Diebe zu identifizieren, nicht auf sich allein gestellt. Wir haben uns für Sie Hunderte Male in die Schlacht geworfen und dabei dem Grauen direkt ins Gesicht gesehen. Man lernt seine Feinde – glücklicherweise auch deren Schwächen – nun einmal am besten in der direkten Auseinandersetzung kennen. Diese kräfte- und vor allem nervenzehrende Aufgabe möchten wir

Ihnen allein aber nicht zumuten. Denn wenn Sie unvorbereitet in den Kampf ziehen, erleiden Sie womöglich Blessuren und Verletzungen, von denen Sie sich nur schwer wieder erholen werden!

Wir müssen gestehen, dass auch wir allein nicht den Mut aufgebracht hätten, uns zu zweit der Armee der Gute-Laune-Diebe gegenüberzustellen. Auch wir hatten in unseren zahlreichen Scharmützeln und Gefechten hilfreiche Verbündete, die uns unterstützt, motiviert und Halt gegeben haben. Denn selbstverständlich haben auch wir immer wieder Situationen des Zweifels durchlebt, Ohnmachtsgefühle erfahren und Untergangsstimmungen durchlitten, und dann ist es besonders wichtig, ein paar tröstende Worte von Dritten zu empfangen.

Daher möchten wir an dieser Stelle der internationalen Riege der Gute-Laune-Forscher danken. Wir verneigen uns vor allen Disziplinen der Glücksforschung, sei es Philosophie, Psychologie, Soziologie oder Neurobiologie. Ohne die Erkenntnisse der hervorragendsten Vertreterinnen und Vertreter dieser Zünfte wäre unser Kampf ein vergeblicher gewesen. Deshalb noch einmal ein ehrliches und lautes »Danke«!

Nun aber zurück zum eigentlichen Thema: Wer sind die Gute-Laune-Diebe? Woran können wir sie rechtzeitig erkennen? Was macht sie so gefährlich? Und wie hindern sie uns daran, glücklicher zu sein?

Die gefährlichsten Gute-Laune-Diebe konnten wir für Sie identifizieren, denn diese Peiniger treiben schon jahrzehntelang ihr Unwesen. Wir möchten sie erst einmal überblicksartig vorstellen, damit Sie wissen, wer Ihre Gegner bei Ihrer ganz persönlichen Suche nach dem Glück sind. Im weiteren Verlauf dieses Büchleins werden wir Ihnen dann für jeden einzelnen Gute-Laune-Dieb beispielhaft zeigen, wie und in welchen Situationen er unverhofft mit seinen Schandtaten in Erscheinung tritt und was Sie tun können, um ihm den Garaus zu machen. Dass Ihnen dabei die eine oder andere Schilderung möglicherweise etwas überspitzt erscheint, ist durchaus beabsichtigt. Denn einer unserer bewährten Leitsätze in der persönlichen Beratung und in Seminaren ist: »Wenn du den Menschen die Wahrheit sagen willst, bring sie zum Lachen! Sonst verschließen sie die Ohren!« Und seien Sie gewiss: So oder so ähnlich ist uns jeder der Schlechte-Laune-Fanatiker schon mal begegnet.

Liebe Leserinnen und Leser, atmen Sie noch einmal tief durch, bevor Sie sich unserer Galerie des Schreckens stellen und Aug in Aug dem Bösen mitten ins Gesicht schauen – hier sind die sieben meist gefürchteten Gute-Laune-Diebe:

- Gute-Laune-Dieb 1: Der Jammer-Junkie
- Gute-Laune-Dieb 2: Das Misstrauensmonster
- Gute-Laune-Dieb 3: Der Besserwisser-Bösewicht
- Gute-Laune-Dieb 4: Das Ungeduldsungetüm
- Gute-Laune-Dieb 5: Der abstrakte Abzocker
- Gute-Laune-Dieb 6: Der digitale Depp
- Gute-Laune-Dieb 7: Der Routine-Raffke

In dieser Aufzählung wirkt das Ganze noch nicht so bedrohlich und angsteinflößend, wie es eigentlich ist. Lassen Sie sich aber nicht vorschnell von den vermeintlichen Unschuldsmienen der sieben schrecklichsten Gute-Laune-Diebe erweichen. Am schlimmsten wäre es, wenn Sie jetzt, nach einem kurzen Überfliegen der Liste, begleitet durch ein wissendes Nicken, aufhören, die Gefährlichkeit der Gute-Laune-Diebe ernst zu nehmen – denn dann hätten wir uns unabsichtlich der Mittäterschaft am Gute-Laune-Diebstahl schuldig gemacht.

Bitte glauben Sie im Übermut des ersten Erkenntnisgewinns nicht, schon jetzt der permanenten Bedrohung durch Gute-Laune-Diebe gewachsen zu sein. Denn dies könnte am Ende ein böses Erwachen für Sie geben!

Geben Sie lieber Ihrer kleinen Insel der Glückseligkeit den Schutz, den sie verdient. Lassen Sie sich unsere vertraulichen Hintergrundinformationen zur größten Plage der Menschheit nicht entgehen, und machen Sie sich jetzt umfassend mit der Gefährlichkeit der sieben »most wanted« Gute-Laune-Diebe vertraut.

Gute-Laune-Dieb 1: Der Jammer-Junkie

Täglich, genauer gesagt mehrmals täglich, begegnet uns der *Jammer-Junkie* in ganz unterschiedlichen Verkleidungen, um uns die gute Laune zu rauben.

Dies tut er nicht immer vorsätzlich, denn wie es der Name schon andeutet, ist er eigentlich ein bemitleidenswerter Junkie, der bei Auftreten der ersten Entzugserscheinungen sofort den nächsten Schuss Jammerei, Zetern und Wehklagen braucht. So ist es nicht verwunderlich, dass er uns zunächst ganz hoffnungsvoll anschaut, aber meist direkt nach der Kontaktaufnahme die Stimmung wechselt und sein wahres Gesicht zeigt: die hässliche Fratze der Unzufriedenheit.

Dem *Jammer-Junkie* ist es ganz egal, um welches Thema es geht. Ob Wetter, Beruf, Politik, Partnerschaft, Kindererziehung oder Urlaub: Er findet das Haar in der Suppe, greift unter einem billigen Vorwand gierig danach und kommt dann richtig in Fahrt. Nun wird gejammert, geschluchzt und lamentiert, was das Zeug hält, und Schuldige werden gleich im Dutzend ausgemacht. Es sind grundsätzlich »die anderen«, »die schlechten Zeiten« oder »die verkommene Gesellschaft«, die an der Situation des *Jammer-Junkies* schuld sind. Diese geschickte Schuldverschiebung geht einher mit seinem gebetsmühlenartig wiederholten Mantra: »Es hat sowieso alles keinen Zweck.«

Zum Wiederholungstäter wird der *Jammer-Junkie* immer dann, wenn man seiner Jammerei womöglich mit einer sanften Problemanalyse oder vorsichtig geäußerten Lösungsvorschlägen auf den Grund gehen will. Dann wird er sich zum Schein ganz kurz beruhigen, tief durchatmen und im gleichen Atemzug in die Rolle des jammernden Blockierers schlüpfen. Jetzt hat er seine Traumrolle gefunden, denn ganz gleich, welches Verständnis geäußert wird, ganz gleich, welches Argument gebracht wird, und ganz gleich, welche Hilfestellung angeboten wird: Jedes Angebot wird, genussvoll begleitet von Stoßseufzern, abgeblockt, um dann wieder und wieder darüber zu lamentieren, dass das Leben nun einmal ein Jammertal sei und niemand hier auf Erden seinem grausamen Schicksal entfliehen könne.

Gute-Laune-Dieb 2: Das Misstrauensmonster

In Gesellschaft des *Jammer-Junkie*s befindet sich gerne das *Misstrauensmonster*. Auch das *Misstrauensmonster* glaubt, nicht so richtig etwas für seine negative Grundhaltung zu können, mit der es uns schon mehr als einmal die gute Laune geraubt hat. Gerne wird da »eine harte Kindheit« bemüht, eine »ganz schwierige Beziehung« oder der »ganz schlimme letzte Chef«; seien Sie also zumindest ein wenig nachsichtig mit ihm.

In dieser vermeintlichen Schule des Lebens hat es gelernt, dass es besser ist, erst einmal zuzuschlagen, bevor man selbst geschlagen wird, handelt also auch heute noch nach der Devise, dass Angriff die beste Verteidigung ist. Diesen tief im Innern fest verankerten Glaubenssatz wird das *Misstrauensmonster* nun nicht mehr los und schlägt deshalb bei jeder passenden – und vor allen Dingen unpassenden – Gelegenheit wie wild um sich.

Spricht man das *Misstrauensmonster* freundlich an, vermutet es grundsätzlich, dass es mit billigen Tricks über den Tisch gezogen werden soll. Lässt man dem *Misstrauensmonster* in der Schlange vor dem Kino oder an der Einkaufskasse den Vortritt, geht es davon aus, dass man hinter seinem Rücken über es lachen will. Und wird das *Misstrauensmonster* womöglich mit einem Hauch konstruktiver Kritik konfrontiert, inszeniert es sofort eine groß angelegte Offensive, in der dann sämtliche zur Verfügung stehende Waffen eingesetzt werden, schließlich heiligt für das *Misstrauensmonster* der gute Zweck jedes noch so harte Mittel. Und Hauptzweck der sozialen Kontakte des *Misstrauensmonsters* ist nun einmal die regelmäßige Bestätigung seiner argwöhnischen und pessimistischen Weltsicht.

Das *Misstrauensmonster* ist darin geübt, in jeder vertrauten, aber auch in jeder neuen zwischenmenschlichen Situation sofort seine persönlichen Feinde zu erkennen. Dies ist für das *Misstrauensmonster* deshalb ganz einfach, weil es eigentlich nur Feinde und überhaupt keine Freunde kennt. Damit ist das *Misstrauensmonster* als Gute-Laune-Dieb perfekt positioniert.

Gute-Laune-Dieb 3: Der Besserwisser-Bösewicht

Und schon sind wir beim Gute-Laune-Dieb Nummer drei, dem *Besserwisser-Bösewicht*. Diese glücksverhindernde Spezies ist nicht so einfach zu erkennen wie der *Jammer-Junkie* oder das *Misstrauensmonster*. Trifft man in freier Wildbahn nur kurz auf ihn, wird man ihn kaum erkennen: Er braucht etwas Zeit, um sein Potenzial der Gute-Laune-Räuberei voll auszuleben. Deshalb hält er sich gerne dort auf, wo Menschen mehr Zeit miteinander verbringen.

So ist er ein häufiger Gast in Partnerschaften, im beruflichen Miteinander oder auch in verwandtschaftlichen Beziehungen. Dort findet er die Freiräume, die er für sein mieses Handwerk braucht. Wir haben es schon oft erlebt, dass der *Besserwisser-Bösewicht* uns durch seine gutmütige Tarnung aufs Glatteis geführt hat. Erst baut er etwas Vertrauen auf, indem er sich zurückhält; dann aber schlägt er umso gnadenloser zu. Der Ablauf ist immer gleich: Nach kurzer, selbst auferlegter Zurückhaltung mündet jedes Gespräch mit ihm in einer Grundsatzdiskussion, in der er selbstverständlich die Oberhand gewinnen und behalten möchte.

In Partnerschaften gibt er sich beispielsweise zuerst zugänglich, indem er mit freundlichem Nicken das neue Kleid oder die neue Bluse seiner Partnerin lobt, um dann sofort in einen Monolog über die konsumkranke Gesellschaft, die Profitorientierung der Einzelhandelskonzerne oder die Arbeitsbedingungen von Kindern in den Kleidungsfabriken in der Dritten Welt zu verfallen. Damit erreicht er jedes Mal sein heimtückisches Ziel, denn er zerstört den Zauber des fröhlichen Augenblicks zu zweit mit unwiderlegbaren sachlichen Argumenten und knallharten, aber – aus seiner Sicht – nun einmal nicht zu leugnenden Fakten.

Seien Sie also vorsichtig, wenn Sie auf den *Besserwisser-Bösewicht* treffen, denn er wird – ohne jegliche Hemmung – jede Chance nutzen, mit seinen prinzipiellen Ansichten anderen die gute Laune nachhaltig zu verderben.

Gute-Laune-Dieb 4: Das Ungeduldsungetüm

Liebe Leserinnen und Leser, wir haben Verständnis dafür, dass so viel neues Wissen über Gute-Laune-Diebe erst einmal verarbeitet werden muss. Daher möchten wir es Ihnen nun etwas leichter machen und Ihnen kurz das *Ungeduldsungetüm* vorstellen. Beim *Ungeduldsungetüm* ist der Name Programm. Daher brauchen wir auch nicht viele Worte über es zu verlieren.

Das *Ungeduldsungetüm* symbolisiert den Zeitgeist der Leistungsgesellschaft. Jeder kennt es, jeder möchte ihm aus dem Weg gehen, und jeder ertappt sich täglich dabei, wie er oder sie sich wieder einmal gehetzt, getrieben und gestresst fühlt. Auch wenn wir alle längst schon einmal gehört haben, dass wir uns mehr »Zeit für das Wesentliche« nehmen sollten oder »langsam gehen sollten, wenn wir es eilig haben«, entkommen wir dem *Ungeduldsungetüm* nur schwer.

Irgendwie schafft es dieser Gute-Laune-Dieb immer wieder, einen neuen Dreh zu finden, um uns die Muße für den schönen Moment und das Gefühl für den Zauber des Augenblicks zu nehmen. Vielleicht liegt dies daran, dass das

Ungeduldsungetüm gerne mit wichtigen Terminen, dringenden Angelegenheiten oder anderen unveränderlichen Sachzwängen argumentiert.

Und so treffen wir beispielsweise morgens im Kindergarten immer wieder elterliche *Ungeduldsungetüme*, die genervt reagieren, weil Mama oder Papa noch nicht gehen sollen. Warum müssen Kinder auch immer dann ihre Liebe zeigen wollen, wenn man es gerade eilig hat?

Kommt dieses *Ungeduldsungetüm* dann abgehetzt am Arbeitsplatz an, geht es gleich mit dringenden Terminen, unaufschiebbaren Telefonaten und eiligen Anfragen weiter. Mit Schaum vorm Mund eilt es nach der Arbeit dann wieder zum Kindergarten, wo es die lieben Kleinen mit Vorwürfen eindeckt, wenn die es nicht schnell genug schaffen, sich ihre Schuhe und die Jacke anzuziehen.

Mit der Hektik und dem Zeitdruck, den die *Ungeduldsungetüme* aufbauen, schaden sie nicht nur ihrem vorgeblich Liebsten und Wichtigsten auf Erden, sondern auch sich selbst. Die gute Laune wird viel zu oft gründlich zerstört, Frust und Resignation breiten sich aus, und auch das *Ungeduldsungetüm* kann sich aufkommender Gewissensbisse kaum erwehren. Trotzdem macht es am nächsten Tag genauso weiter.

Gute-Laune-Dieb 5: Der abstrakte Abzocker

Wenn es um die Gefahr des Gute-Laune-Diebstahls geht, sollte man sich auch vor dem *abstrakten Abzocker* in Acht nehmen, denn er ist ebenfalls äußerst routiniert darin, sein herzloses Spiel gleichermaßen unbemerkt wie wirkungsvoll mit uns zu spielen.

Der *abstrakte Abzocker* ist ein echter Intellektueller unter den Gute-Laune-Dieben. Er hat meist eine jahrelange akademische Ausbildung hinter sich, verfügt also über neueste wissenschaftliche Erkenntnisse in Sachen Gute-Laune-Diebstahl und kann ihn deshalb auf allerhöchstem Niveau ausüben. Seine Methode ist derart gerissen, dass ihm kaum beizukommen ist: Denn er versteckt sich mit Vorliebe unter dem Deckmantel des Guten, um aus dieser sicheren Deckung heraus sein böses Gift zu verspritzen.

Beliebte Tarnungen des abstrakten Abzockers sind Wörter wie »schön«, »angenehm«, »aufregend«, »anders« oder »kreativ«. Mit der harmlos klingenden Aufforderung »Schatz, lass uns doch einmal wieder ein schönes Wochenende gemeinsam verbringen« beginnt der *abstrakte Abzocker* sein mieses Spiel. Er weiß, dass jeder Mensch tief in seiner Seele nach dem Schönen, Angenehmen oder gar Paradiesischen strebt. Geht es dann aber an die Realisierung des Freuden versprechenden »schönen Wochenendes«, fliegt die Tarnung auf. Dann müsste der *abstrakte Abzocker* ja konkret werden, sich also festlegen, Wünsche seines Partners erfragen und gemeinsam etwas planen und Verantwortung für eine gelungene Organisation übernehmen. Und diese irdischen Anstrengungen sind ihm nun doch zu viel.

Er wird die Verantwortung der Umsetzung auch nicht abgeben. Denn wenn sein Opfer beginnt, ihm auf den Leim zu gehen, also Vorfreude äußert, eigene Vorschläge macht und neue Ideen einbringt, kommt der Gute-Laune-Diebstahl richtig in Fahrt: Nun kann der *abstrakte Abzocker* sich frech grinsend hinter seiner abstrakten Position verstecken und darauf verweisen, dass alle konkreten Vorschläge seines Opfers einen Haken haben und deshalb »leider« nicht in die Tat umgesetzt werden können.

Es ist ganz gleich, was wir vorschlagen: Der *abstrakte Abzocker* springt flexibel hin und her und treibt uns mit seinen rhetorisch geschliffenen, aber gnadenlosen Angriffen und Tiefschlägen vor sich her, bis wir keinen Ausweg mehr sehen und vor lauter Verzweiflung frustriert aufgeben und unsere Pläne beerdigen.

Damit zeigt sich der *abstrakte Abzocker* als ein äußerst bösartiger Gute-Laune-Dieb. Wie eine fleischfressende Pflanze lockt er die Menschen – Insekten gleich – durch bunte Blüten an, um sie dann aufzuspießen und ihnen genussvoll schmatzend die gute Laune auszusaugen.

Gute-Laune-Dieb 6: Der digitale Depp

Das jüngste Mitglied im Club der Gute-Laune-Diebe ist der *digitale Depp*. Er tritt nicht als Mensch aus Fleisch und Blut an uns heran, sondern springt uns als virtuelles Wesen aus den Medien an. Mit den Hilfsmitteln Zeitung, Radio und Fernsehen startete er seine kriminelle Karriere; mittlerweile ist – der technischen Innovation sei Dank – noch das Internet als perfektes Handwerkszeug dazugekommen. So kann der *digitale Depp* seinen leichtgläubigen Opfern die Lebenslust auf hohem technischen Niveau fachgemäß und kunstgerecht austreiben.

Die Schwächen seiner Mitmenschen kennt der *digitale Depp* genau. Er weiß, dass sie biologisch so gestrickt sind, dass sich ihre nach Neuigkeiten lechzenden Gehirnspeicher mit Vorliebe auf Meldungen über Katastrophen, Ungerechtigkeiten oder Missgeschicke stürzen: Je mehr Blut aus den Schlagzeilen trieft und je mehr verstörte Katastrophenopfer in Großaufnahme direkt in die Fernsehkameras weinen, desto besser. Freudige Ereignisse, gelungene Aktionen und zufriedene Gesichter sorgen dagegen nicht für die gewünschte Quote.

Dabei kann man dem *digitalen Depp* nur teilweise vorwerfen, dass er allein das emotionale Schlamassel zu verantworten hat, das er immer wieder anrichtet. An mildernden Umständen wird er anführen, dass er ja nur über die Ereignisse berichtet, so wie sie *wirklich* sind. Um dann auf Basis dieser geschickten Notlüge noch etwas näher an die vor laufender Kamera Sterbenden heranzuzoomen, ihre offenen Wunden in brillanter HDTV-Technik zu übertragen und sie mit geheuchelt mitleidiger Stimme zu befragen, ob sie nicht noch die Kraft aufbringen könnten, ein paar letzte Worte an die Zuschauer zu richten.

Weiter wird der *digitale Depp* sich damit verteidigen, dass er ein Globalisierungsopfer ist, womit ihm zumindest in den ebenfalls von der Globalisierung im Kern erschütterten westlichen Wohlstandsgesellschaften reichlich Verständnis entgegengebracht werden wird. Geschickt wie er ist, weiß der *digitale Depp* allerdings die Vorteile, die sich aus seiner taktisch eingenommenen Opferrolle ergeben, durchtrieben auszuspielen. So ist er dank Satellitentechnik, Breitbandkabel und mobiler Kamera überall auf der Welt gleichermaßen flexibel im Einsatz, kann also noch aus den letzten Winkeln dieser Erde über Elend, Krankheit und Verzweiflung zu unser aller Unterhaltung live berichten.

Bei gelegentlich leise aufkommender Kritik wird der *digitale Depp* den Spieß sofort umdrehen und im anklagenden Ton darauf hinweisen, dass es doch nur darum gehe, die Menschen über wichtige Ereignisse sachlich zu informieren. Und dass dieser keinesfalls schmutzige, sondern nützliche Job wenn nicht von ihm, dann doch von irgendjemand anders geleistet werden müsse, man ihn also bitte mit haltlosen Vorwürfen und Anfeindungen verschonen möge.

Liebster Begleiter des *Digitalen Depps* ist der *Jammer-Junkie*, der für sein trübsinniges Spiel geradezu süchtig nach schlechten Nachrichten ist. Zusammen sind die beiden ein hervorragend eingespieltes Team des Gute-Laune-Diebstahls. Wen sie gemeinsam in die Fänge bekommen, der wird ohne aktive Gegenwehr seines Lebens nicht mehr froh werden.

Gute-Laune-Dieb 7: Der Routine-Raffke

Kommen wir zum letzten unserer Gute-Laune-Diebe, dem *Routine-Raffke*. Wie sein Name schon verrät, schlurft er kraftlos und passiv auf den immer gleichen Wegen durchs Leben und tötet dabei jede Kreativität und Neugier.

Unter dem Deckmäntelchen Sicherheit versprechender Routine schleicht er sich bei uns ein und macht vor keinem Lebensbereich halt. In Partnerschaften nennt er sich Gewohnheit, in der Freizeit Langeweile und im Beruf Monotonie. Er hat die Menschen im Griff, wenn sie die Sprachlosigkeit innerhalb ihrer Beziehungen beklagen, wenn sie Abend für Abend öde vorm Fernseher hängen bleiben oder wenn sie den Arbeitsplatz als stumpfsinnige Tretmühle empfinden.

Dem *Routine-Raffke* ist mit neuen Ideen nicht beizukommen. Im Gegenteil, man darf ihn auf keinen Fall darauf ansprechen, dass es allen Gewohnheiten zum Trotz doch immer Möglichkeiten gibt, kleine, aber umso wirkungsvollere Änderungen vorzunehmen. Dann fühlt er sich nämlich herausgefordert, je nach Tagesform entschuldigend oder nörgelnd im Ton kundzutun, dass er doch schon alles Mögliche ausprobiert habe, aber trotz seiner intensiven Bemühungen immer wieder in der vertrauten Schablone der tödlichen Langeweile gelandet sei.

Gerne bedient sich der *Routine-Raffke* beim Gute-Laune-Diebstahl auch eines besonders abgefeimten Tricks: Er kann Menschen, die dem Hamsterrad der Routine entkommen wollen, dazu bringen, noch mehr desselben zu tun, statt endlich etwas anderes.

So gaukelt er dem gereizten, innerlich erschöpften und bereits an der Grenze zum Burn-out-Syndrom stehenden Projektleiter vor, dass sein Problem gelöst würde, wenn er noch mehr und anspruchsvollere Projekte übernähme. Der verzweifelten Partnerin in einer Beziehung suggeriert er, dass es ihr besser gehen würde, wenn sie mit ihrem Partner noch häufiger und intensiver über die Probleme und Konflikte spräche, die dem gemeinsamen Glück massiv im Wege stünden. Und einsamen Zeitgenossen, die auf der Suche nach neuen Freunden sind, flüstert er ein, dass sie am Sonntagvormittag nicht nur ein, sondern drei Museen (in denen das Reden aber leider ausdrücklich unerwünscht ist) besuchen müssten.

Damit verdient auch der *Routine-Raffke* seinen Platz unter den Top Seven der Gute-Laune-Diebe. Er ist ein absoluter Spaßbremser, der unheilbringend, aber durchaus routiniert, ans Werk geht.

●

Sollten Sie den Eindruck haben, dass es noch weitere Missetäter gibt, die unbedingt in die Liste der sieben schlimmsten Gute-Laune-Diebe aufgenommen werden müssten, würde uns dies nicht wundern: Das Böse kennt keine Grenzen und taucht in immer neuer Gestalt auf. Wiegen Sie sich also nicht vorschnell in trügerischer Sicherheit. Wir setzen auf Ihre Kreativität und Fantasie bei der Ergänzung unserer Charts des Gute-Laune-Diebstahls ganz in Ihrem persönlichen Sinne und freuen uns über jeden sachdienlichen Hinweis zu einer neuentdeckten Unterspezies. Erweitern Sie unsere Liste je nach Erfahrung und Erlebnissen mit Ihren individuellen Favoriten des Schreckens, damit sie für Sie ein Leben lang aktuell bleibt.

Unsere Auflistung der durch Wissenschaft und persönliche Lebenserfahrung bestätigten sieben gefährlichsten Gute-Laune-Diebe halten wir in jedem Fall für äußerst hilfreich. Denn wer diese nervtötenden Zeitgenossen erst einmal grundsätzlich erkennen kann und die immer gleichen Abläufe des Gute-Laune-Diebstahls verstanden hat, ist fürs Erste gewappnet und in der Lage, allzu dreiste Übergriffe abzuwehren. Er verfügt über ein Basiswissen, das je nach persönlicher Lebenssituation und individuellen Ansprüchen ans Glück Schritt für Schritt ausgebaut werden kann.

Darüber hinaus können besonders interessierte Glückssucher durch weiteres hartes Studium und durch tägliche praktische Übung sogar den Olymp der Vollkommenheit in Sachen Gute-Laune-Diebe-Abwehr erreichen. Und diesem anspruchsvollen Ziel werden wir uns nun weiter widmen.

Woran erkennen Sie Ihr Glück?

Auch wenn wir im weiteren Verlauf dieses Buches mehr als einmal die Frage »Was macht mich unglücklich?« oder genauer »Was kann ich dafür tun, um mehr Glücksmomente zu erleben?« behandeln werden, können wir die letzte aller Fragen »Was ist Glück?« nicht stellvertretend für Sie beantworten. Es gibt keine bis ans Ende der Tage gültige Definition von Glück, die wir Ihnen empfehlen oder womöglich einfach überstülpen könnten. Daher werden wir auch nicht den untauglichen Versuch starten, Ihnen mit ein paar dürren Worten ein für alle Mal zu erklären, was Sie im Besonderen glücklicher machen wird und was nicht.

Unser Hauptanliegen ist und bleibt, Ihnen zu veranschaulichen, wie sich Gute-Laune-Diebe abwehren und austricksen lassen, damit Sie künftig mehr glückliche Momente in Ihrem Leben empfinden können. Denn wir haben den Eindruck gewonnen, dass die meisten Menschen durchaus ein Gespür dafür haben, welche Aktivitäten ihnen Freude bereiten, welche Themen sie interessieren und welchen Herausforderungen sie sich stellen wollen. Geht es dann aber an die Verwirklichung der persönlichen Glücksziele, tauchen plötzlich Gute-Laune-Diebe auf, die ungefragt die Notbremse ziehen. Sie rücken Probleme in den Vordergrund, verstärken eigene Zweifel und hindern uns mit ihren negativen Energien daran, das zu tun, was wir eigentlich wollen.

Allerdings können wir uns an der bei einem Glücksbuch immer im Raum stehenden Frage, was Menschen denn nun grundsätzlich glücklich macht, auch nicht einfach vorbeimogeln, stehen also in der Pflicht, unsere persönlichen Ansichten und Überzeugungen zum Thema Glück offen zu legen.

Einen kleinen Schlenker in Richtung Glück, Glücksgefühle und subjektives Wohlbefinden möchten wir daher mit Ihnen machen. Denn auch wenn die meisten Menschen ein grundsätzliches Gespür dafür haben, was sie als angenehm, wohltuend oder anregend empfinden, mussten wir doch häufiger feststellen, dass dieses Gespür sehr unterschiedlich ausgeprägt ist. Mit anderen Worten: Einige wissen recht genau, was ihnen gut tut, andere dagegen stehen ihrem Glück recht zaghaft gegenüber und trauen sich nicht, einfach kräftig zuzufassen.

Gerade Menschen, die sehr wenige Glücksmomente erleben, sind häufig von einem dichten Netz von Gute-Laune-Dieben umgeben. Hier gibt es zwei Ansatzpunkte, um Veränderungen einzuleiten: einerseits das verstärkte Einüben von Abwehrtechniken bei befürchtetem oder akutem Gute-Laune-Diebstahl, andererseits die Klärung der Frage, welche Art von Glück der Einzelne denn überhaupt anstrebt.

Möchten Sie erfahren, was Glück ist?

Um herauszufinden, was Glück ist, haben wir uns des Nachts in den besten Bibliotheken des Landes einsperren lassen, um ungestört und sorgfältig zu erforschen, was die Weisen darüber seit Tausenden von Jahren zu berichten haben. Wir haben philosophische Ideen der alten Griechen, des dunklen Mittelalters, der Neuzeit, der Moderne und auch der Postmoderne intensiv studiert. Wir haben uns mit Psychoanalyse und Kommunikationspsychologie genauso beschäftigt wie mit Marxismus und Systemtheorie. Und um dem menschlichen Streben nach Glück nun auch wirklich von allen Seiten auf die Spur zu kommen, haben wir zusätzlich noch die aktuellen Erkenntnisse der Neurobiologie einbezogen.

Dabei sind wir auf Wissen von unschätzbarem Wert für die Menschheit gestoßen, das nicht immer einfach zu erkennen und verstehen war. Sie haben es nun leichter als wir, denn Sie sind in der glücklichen Lage, die Essenz unserer Bemühungen ohne größere Anstrengungen fast schon als Fast-Food-Philosophie aufzunehmen. Hier sind drei Glückstheorien, und damit wissen Sie, was in der Vergangenheit zum Thema gesagt wurde und was heute aktuell ist. Wir unterscheiden:

- Autoritäres Zwangsglück
- Sinnentleertes Konsum-Glück
- Sternenhimmel-Glück

Autoritäres Zwangsglück

Das Grundmuster autoritärer Glückstheorien ist recht einfach: *Ein anderer bestimmt, was Glück ist, und Sie haben zu folgen.*

Autoritäre Glückstheorien gab und gibt es unter allerlei Vorzeichen. Die einen huldigen dem reinen Kapitalismus, andere dem idealen Sozialismus; missionarische Vegetarier predigen den Fleischverzicht, selbstbewusste Fleischesser schwören auf tierisches Eiweiß, Sektenführer propagieren den einzig wahren Weg zur Erleuchtung und radikale Atheisten glauben, dass nur Nichtglauben der einzig wahre Weg sei.

Wichtig bei autoritären Glückstheorien ist lediglich ein eindeutiges Etikett, das dann nicht näher bestimmt werden muss. Wer dem dadurch im Allgemeinen vorgegebenen, im Detail aber unklaren Programm folgt, ist gefälligst glücklich, wer dagegen verstößt, hat die falschen Werte, die falsche Moral und das falsche Bewusstsein und ist deshalb durch böse Worte zu disziplinieren. Typisch für autoritäre Glückstheorien sind daher auch klare Feindbilder: »die Fleischfresser«, »die Ignoranten« und so weiter.

Wir gehen davon aus, dass Sie autoritäre Glückstheorien genauso argwöhnisch betrachten wie wir. Also geht es weiter mit einer zweiten, sehr verbreiteten Glückstheorie, nämlich dem sinnentleerten Konsum-Glück, das wir jetzt etwas genauer unter die Lupe nehmen wollen.

Sinnentleertes Konsum-Glück

Auch das sinnentleerte Konsum-Glück, das sich seit einiger Zeit in unserer Gesellschaft immer breiter macht, können wir Ihnen nicht empfehlen. Dabei handelt es sich um eine moderne Spielart des autoritären Zwangsglücks, und zwar in der Form des ausschließlich konsumorientierten Materialismus. Auch hier ist die Glücksdefinition recht einfach und damit schon an sich zweifelhaft. Sie lautet: *Wer kauft, ist glücklich!*

Die Anhänger des sinnentleerten Konsum-Glücks verdienen dennoch nicht unseren Spott, sondern unser Mitgefühl. Mangels besserer Einfälle beschränken sie sich bei ihrer Glückssuche darauf, zu shoppen, zu kaufen und zu konsumieren, was das Zeug hält. Es geht längst nicht mehr darum, dass man sich Dinge kauft, um sich von den Mühen des Alltags zu befreien, so wie es vor zwei Generationen noch mit der ersten Waschmaschine der Fall war, auch nicht um Arbeitserleichterungen wie Mikrowelle oder Computer, die vor einer Generation üblich wurden. Im Gegenteil: Erst wenn Dinge gekauft werden, die eigentlich völlig überflüssig sind, kann man wirklich vom sinnentleerten Konsum-Glück sprechen.

So kreisen die Diskussionen der konsumorientierten Glückssucher zum Beispiel darum, ob man nun den dritten Flachbildfernseher in der Küche, im Schlafzimmer oder gleich auf der Toilette installieren soll. Schicke MP3-Player werden so an der Kleidung befestigt, dass auch jeder sehen kann, was das eigene Portemonnaie (oder aber der Dispo-kredit) hergibt. Markenfetischisten reisen von einem Factory Outlet Store zum nächsten, um beim Erwerb der zehnten Hose oder dem dreißigsten Paar Schuhe in einem Jahr end-lich die Mutter aller Schnäppchen zu erstehen.

Auch bei der Freizeitgestaltung geht es weniger darum, was gefällt, sondern darum, was möglichst teuer ist und we-nig eigener körperlicher oder geistiger Anstrengungen be-darf: Statt zu schwimmen, legt man sich im Spaßbad mit tropischem Klima in den Whirlpool; statt durch den Wald oder das Gebirge zu streifen, geht es in den Erlebnispark mit standardisierten Wohlfühlerlebnissen.

Damit hier keine Missverständnisse aufkommen: Selbst-verständlich wollen wir nicht zurück in die Steinzeit! Kei-nesfalls predigen wir einen totalen Konsumverzicht und ver-dammen jede technische, naturwissenschaftliche oder medizinische Neuerung an sich. Allerdings bestätigen die professionellen Glücksforscher der Universitäten und For-schungsinstitute schon länger, was der gesunde Menschen-verstand auch vorher wusste: Materieller Wohlstand steigert das Wohlbefinden nur solange, wie überlebensnotwendige Dinge gekauft werden können. Ist diese Grenze überschrit-ten (und das ist sie in unserer Gesellschaft für die große Mehrheit schon lange!), lässt sich keine nachhaltige Steige-rung von Glücksgefühlen durch bloßen Konsum mehr errei-chen.

Im Gegenteil, es lässt sich sogar nachweisen, dass mit stei-gendem Wohlstand Zufriedenheit und Glück abnehmen.

Werden Dinge nämlich nicht mehr gekauft, weil man sie wirklich braucht, sondern weil man den Nachbarn, die Arbeitskollegin oder die Bekannten beeindrucken möchte, verschwindet das Glück sofort, sobald der andere nachzieht und sich die gleichen Dinge kauft. So wird bei unreflektiert handelnden Konsumanhängern ein Kreislauf in Gang gesetzt, bei dem sie letztendlich nur verlieren können. Die Einzigen, die davon profitieren, sind die Gute-Laune-Diebe, die sich das ganze Treiben von außen ansehen und genussvoll registrieren, wie die Unglücklichen sich fröhlich ihr eigenes Konsumgefängnis bauen, darin strahlend einziehen und nach einiger Zeit nur noch jammernd und klagend an den Gitterstäben rütteln.

Sternenhimmel-Glück

Unsere jetzt folgende Theorie vom Sternenhimmel-Glück ist einerseits mehrdimensional und andererseits ganzheitlich und damit hoffentlich weit entfernt von eindimensionalen autoritären Glückstheorien oder vom sinnentleerten Konsum-Glück. Wir wünschen uns, dass Sie den einen oder anderen persönlichen Nutzen aus dieser überaus subjektiven Glücksperspektive ziehen können.

Nach unserer Theorie vom schönen Sternenhimmel-Glück ist Glück gekennzeichnet durch die auf den ersten Blick vielleicht eher verwirrend denn erleuchtend klingenden folgenden Elemente:

Glück …

- ist nicht planbar,
- ist immer vorhanden,
- ist kostenlos,
- ist ausschließlich sinnlich und damit individuell erfahrbar,
- bedeutet überwiegend Eigenanstrengung,
- ist manchmal langweilig und
- setzt das Austricksen von Glücksverhinderern voraus.

Der Einstieg in unser Glücksmodell ist leicht nachvollziehbar: *Stellen Sie sich einen wunderschönen Sternenhimmel vor, den Sie zufällig nachts erblicken, wenn Sie nach Hause kommen.*

Dieser wunderschöne Sternenhimmel ist *nicht planbar*, weil Sie nicht genau wissen werden, an welchen Tagen Sie spät in der Nacht nach Hause kommen und an welchen früher, weil Sie nicht exakt planen können, wann Wolken Ihnen die Sicht versperren und wann nicht und weil Sie nicht vorhersagen können, wann Sie überhaupt Zeit zum Sterne gucken haben.

Obwohl der Sternenhimmel *immer vorhanden* ist, können Sie ihn doch nur sehen, wenn es dunkel ist, die Nacht klar ist, Sie einen freien Blick haben und vor allem: wenn Sie nach oben schauen.

Für den Anblick des Sternenhimmels müssen Sie glücklicherweise nichts bezahlen, denn er ist *kostenlos*. Obwohl Sie also selbst nichts geben müssen, bekommen Sie etwas unschätzbar Wertvolles angeboten, an dem Sie sich erfreuen können.

Da Sie – hoffentlich – kein Stein sind, sondern ein Mensch mit den typisch menschlichen Sinnen, ist der Sternenhimmel für Sie *ausschließlich sinnlich und damit individuell erfahrbar*. Die einen erfreuen sich am Strahlen der Millionen und Abermillionen von Sternen. Die anderen fokussieren staunend den Mond, der groß und mächtig am Himmel steht. Manche fühlen sich vom Bild der unendlichen Weite beruhigt, andere lässt der Gedanke, mitsamt der Erde nur ein Staubkorn im Universum zu sein, wohlig erschaudern. Wiederum andere hören förmlich die Ruhe und Gelassenheit, die die überirdische Schöpfung ausstrahlt. Und es gibt auch Menschen, die erst dann so richtig glücklich sind, wenn ihr Mitternachtspanorama auf einer Alm in den Bergen durch den Geruch von frisch gemähtem Heu oder am Meer durch den Geschmack von salzigen Lippen harmonisch abgerundet wird. Je nach subjektivem Sinneseindruck, also einer äußerst persönlichen Kombination von Sehen, Hören, Fühlen, Riechen oder Schmecken, ist die persönliche Wahrnehmung dessen, was Menschen als schönen Sternenhimmel bezeichnen, demnach unendlich verschieden.

Grundsätzlich ist zu bedenken, dass der genussvolle Anblick eines wunderschönen Sternenhimmels *überwiegend Eigenanstrengung* verlangt. Sie müssen schon selbst vor die Tür treten, selbst entscheiden, ob Sie auf die gewohnte Nachtruhe noch ein wenig warten wollen und selbst für die entspannte Stimmung sorgen, die Sie den Zauber des Augenblicks genießen lässt. Allerdings sind manche Zeitgenossen durchaus froh, wenn sie ab und zu zumindest eine leichte Ermahnung oder womöglich sogar einen kräftigen Tritt in den Hintern bekommen, um an dem schönen Naturschauspiel doch einmal teilzunehmen.

Wenn Sie jeden Abend zur gleichen Zeit aus dem Haus gehen, die gleiche Blickrichtung einschlagen und dann auch noch den immer gleichen schönen Sternenhimmel sehen, wird dies *manchmal langweilig* sein. Dann wünschen Sie sich je nach Temperament und Fantasie, dass vielleicht einmal eine Sternschnuppe fallen, ein blinkendes Flugzeug durchs Bild rauschen oder ein Satellit vorbeiziehen möge. Hatten Sie dagegen wegen überaus fordernder Arbeitseinsätze zwei Wochen lang keine Zeit, sich allabendlich an der Schönheit des Sternenhimmels zu erfreuen, und sind nun wider Erwarten einen Tag früher als geplant zu dieser Gelegenheit gekommen, ist die Langeweile merkwürdigerweise verschwunden. Stattdessen wundern Sie sich, wie es dazu kommen konnte, dass Sie ein solch beeindruckendes Naturschauspiel nicht jeden Abend in seiner ganzen Vollkommenheit erkennen konnten.

Sie ahnen, was jetzt noch abschließend kommt: Der genussvolle Anblick eines schönen Sternenhimmels setzt *das Austricksen von Glücksverhinderern* voraus. Für Sie als fortgeschrittenen Anfänger in Sachen Glücksbetrachtung brauchen wir an dieser Stelle keine detailreichen Ausführungen mehr zu machen: Sie wissen bereits, dass man einen Sternenhimmel grundsätzlich nur genießen kann, wenn weder ein

Jammer-Junkie, ein *Misstrauensmonster*, ein *Besserwisser-Bösewicht*, ein *abstrakter Abzocker*, ein *Ungeduldsungetüm*, ein *digitaler Depp* noch ein *Routine-Raffke* einen mit seinen Phrasen permanent irritiert. Es gilt also, die Gute-Laune-Diebe geschickt auszubremsen, damit auch Sie Ihren privaten Sternenhimmel in voller Pracht genießen können. Denn was nützt Ihnen der schönste Sternenhimmel, wenn dazu immer wieder ein Konzert gute Laune raubender Misstöne erklingt?

Was nun genau Ihr Sternenhimmel-Glück ist, müssen Sie allerdings selbst herausfinden! Wie schon eingangs erwähnt, können – und wollen – wir Ihnen nicht vorschreiben oder verordnen, was Sie glücklich macht. Es ist aber wichtig, die Augen aufzumachen und sich nach Menschen umzuschauen, die ihr Sternenhimmel-Glück bereits gefunden haben. Denn von diesen Menschen können wir einiges lernen.

Für die einen sind es lange Spaziergänge oder Wanderungen, auf denen sie die Seele baumeln lassen. Für die anderen ist es ausdauerndes Walking, zügiges Jogging oder schnelles Rad fahren. Manche fühlen sich in Vereinen wohl und engagieren sich bei der Planung und Organisation von Festen oder Veranstaltungen, andere suchen eher die Einsamkeit beim Angeln oder bei der Pflege der Rosen im Garten. Es gibt Menschen, die ihre persönliche Befriedigung darin finden, uneigennützig anderen zu helfen und sich an deren Wohlergehen zu erfreuen, aber auch Menschen, die sich gut fühlen, wenn sie sich in ihrem Beruf voll ausleben, sich immer neue herausfordernde Ziele setzen und die Dinge in Bewegung halten können.

Die unzähligen glücklichen Momente des Sternenhimmel-Glücks sind oft auch mit ganz einfachen Dingen verbunden: Wer Zeit und Gelegenheit hat, Kindern zuzuschauen, kann dabei viel davon sehen, was ihn oder sie früher selbst glücklich gemacht hat: ein lustvolles Springen in große Pfützen, das ausdauernde Klettern auf einem Spielgerüst, das Herumtanzen und Hüpfen auf einem Bein oder das verträumte Streicheln einer Katze. Oder auch das ausgelassene Toben mit anderen, das oftmals in glückseliger Erschöpfung, gepaart mit überwältigenden Kicheranfällen, endet.

Gerade wenn Sie sich jetzt resigniert fragen, was denn das Kinderglück von damals mit Ihrem heutigen Glück zu tun haben könnte, sollten Sie nicht gelangweilt abschalten, sondern gut nachdenken! Oft sind nämlich die glücklichen Kinder aus den Pfützen von damals diejenigen Erwachsenen, die auch heute noch ungehemmt in der Badeanstalt oder am See im Wasser herumtollen. Die glücklichen kleinen Kletterer haben mittlerweile ihren Spaß beim Freeclimbing im Gebirge oder im Hochseilgarten, die Hüpfer von einst empfinden Glücksmomente beim Disco-Fox- oder Salsatanzen, und die vormaligen Katzenstreichler haben eventuell einen ganzen Haustierzoo. Und diejenigen, die hingebungsvoll getobt und gerauft haben, vergnügen sich jetzt vielleicht mit Fußball, Karate oder Judo.

Nur die von Gute-Laune-Dieben negativ beeinflussten Glücksskeptiker stehen immer noch – genauso wie schon in Kindertagen – abseits der kostenlosen Fröhlichkeit und hadern mit ihrem Schicksal. Statt nun endlich ihr Zögern und ihr Unwohlsein ernst zu nehmen und sich selbst die Frage zu erlauben, was sie denn nun glücklich machen würde, lassen sie sich vom *Jammer-Junkie*, vom *Misstrauensmonster*, vom *Besserwisser-Bösewicht*, vom *Ungeduldsungetüm*, vom *abstrakten Abzocker*, vom *digitalen Depp* und vom *Routine-Raffke* den Mund verbieten und erstarren in Hoffnungslosigkeit. Dabei ignorieren sie geflissentlich, dass das Finden von Glück voraussetzt, dass man erst einmal vorsichtig ausprobiert, was einen denn überhaupt glücklich machen könnte. Denn wer nicht weiß, was er will und auch nicht bereit ist, neue Dinge auszuprobieren, wird über kurz oder lang verkümmern wie ein Kind in einem mit Spielzeug vollgestopften Kinderzimmer ohne Anregungen, Ideen und Mitspieler.

Damit Sie Ihr Glück künftig besser erkennen können, schlagen wir Ihnen vor, sich regelmäßig die Frage zu stellen: »Macht mich das, was ich gerade tue, in diesem Moment glücklich?« Horchen Sie bei den vielen Angeboten, die das Leben täglich für Sie bereithält, gründlicher als bisher in sich hinein. Akzeptieren Sie unzufriedene, langweilige oder gar nervtötende Momente als klaren Hinweis dafür, dass Sie eigentlich etwas ganz anderes suchen.

Lassen Sie sich nicht mit dem billigen Versprechen trösten, dass Sie nur geduldig abwarten müssen und sich das Glück dann schon von alleine einstellen wird. Nehmen Sie Ihr Schicksal lieber selbst in die Hand, und versuchen Sie, Ihr Leben stärker als bisher so zu gestalten, dass Sie die elementare Frage zu Ihrem Glücksempfinden häufiger mit einem klaren, eindeutigen und laut vernehmbaren »Ja!« beantworten können.

Wenn Sie sich bei der Suche nach Ihrem persönlichen Sternenhimmel-Glück häufiger einmal durch die Vielzahl der Möglichkeiten, die Ihnen offenstehen, überfordert fühlen, fühlen Sie richtig. Denn viele Menschen haben noch gar nicht bemerkt, dass die moderne Glückssuche nicht mehr bedeutet, *von* etwas frei zu sein, sondern frei zu sein *für* etwas. Stand vor wenigen Generationen nämlich noch die Überwindung von starren Zwängen, unsinnigen Vorschriften und unbegründeten Regeln im Zentrum der Glückssuche, hat sich dies in kürzester Zeit radikal geändert. Heutzutage leiden unzufriedene und unglückliche Menschen nicht mehr darunter, etwas Bestimmtes nicht tun zu dürfen, sondern darunter, eigentlich alles zu jeder Zeit tun zu dürfen; die Frage dabei ist nur: »Was?«

Die Zunahme von Freiheiten, Wahlmöglichkeiten und Freiräumen ist eine ganz neue Entwicklung, die wir persönlich allerdings auf keinen Fall zurückdrehen wollen und glücklicherweise auch gar nicht können. Statt über die Qual der Wahl zu klagen, gilt es vielmehr, die neuen Freiheiten auszukosten, die sich privat und beruflich bieten. Und hier schließt sich letztendlich der Kreis zu unserem Sternenhimmel-Glück.

Lernen Sie, Ihr Glück besser als bisher zu erkennen, indem Sie das Gespür für Ihr individuelles Sternenhimmel-Glück trainieren. Lassen Sie sich nicht von anderen vorschreiben, was Sie glücklich macht. Blocken Sie konsequent jegliche Versuche ab, Sie mit autoritärem Zwangsglück oder sinnentleertem Konsum-Glück daran zu hindern, eigene Glücksempfindungen zu verspüren, zu entwickeln und zu vertiefen.

Denken Sie bei Ihrer Glückssuche einfach daran, dass Glück, genauso wie ein wunderschöner Sternenhimmel, *nicht planbar, immer vorhanden, kostenlos, ausschließlich sinnlich und damit subjektiv erfahrbar, überwiegend Eigenanstrengung* und *manchmal langweilig* ist und immer wieder *das Austricksen von Glücksverhinderern* voraussetzt. Oder legen Sie einfach ein Lesezeichen an diese Stelle ins Buch. Wir finden: Es lohnt sich!

Selbsttest: Sind Sie von Gute-Laune-Dieben umzingelt?

Bevor wir Ihnen nun die verschiedenen Gute-Laune-Diebe im Einzelnen vorstellen, möchten wir Sie einladen, herauszufinden, ob und wie sehr Sie von diesen hinterlistigen Saboteuren umgeben sind. Beantworten Sie einfach die folgenden Fragen – die Auswertung finden Sie gleich am Ende des Tests!

1) Wie oft werden Sie mit Problemen anderer überschüttet?
    oft (2)   manchmal (1)   nie (0)

2) Ein Kollege unterstellt Ihnen etwas. Obwohl Sie rational genau wissen, dass er irrt, kommen Sie ins Grübeln und fragen sich, ob an seinem Vorwurf nicht doch etwas dran sein könnte. So etwas passiert Ihnen …
    oft (2)   manchmal (1)   nie (0)

3) Kommt es vor, dass Sie sich nach einer beruflichen Besprechung oder einer privaten Verabredung beschwingt und energiegeladen fühlen, weil fast nur über neue Ideen, positive Ereignisse und schöne Erlebnisse gesprochen wurde?
    oft (2)   manchmal (1)   nie (0)

4) Wie oft fühlen Sie sich in Grundsatzdiskussionen verwickelt, aus denen Sie nicht mit einem Erkenntnisgewinn, sondern völlig verwirrt herausgehen?

        oft (2)   manchmal (1)   nie (0)

5) Wie oft sehen Sie sich in Ihrem beruflichen oder privaten Umfeld aus heiterem Himmel ungerechtfertigten Angriffen ausgesetzt?

        oft (2)   manchmal (1)   nie (0)

6) Denken Sie einmal an die Buchung einer Reise, den Abschluss eines Sparvertrages, den Kauf eines Fernsehers: Haben Sie schon einmal eine Entscheidung im Nachhinein infrage gestellt, weil Sie im Fernsehen, in einem Verbrauchermagazin oder im Internet auf neue Informationen gestoßen waren?

        oft (2)   manchmal (1)   nie (0)

7) Gibt es Menschen in Ihrer Umgebung, deren Ausstrahlung von Ruhe und Kraft Sie sich kaum entziehen können, die auf Sie wirken »wie ein Fels in der Brandung«?

        viele (0)   wenige (1)   keine (2)

8) Gehen Sie einmal Ihr soziales Umfeld durch: Partner, Freunde, Familie, Kollegen. Gibt es darunter Menschen, die zwanghaft und ungefragt ihre ausführliche Meinung zu allem und jedem kundtun müssen?

        viele (0)   wenige (1)   keine (2)

9) Kommt Ihnen Ihr Leben fürchterlich eintönig vor?

  oft (2) manchmal (1) nie (0)

10) Ihr Gegenüber im Büro raschelt schon den ganzen Tag mit den Papieren, bewegt Papierstapel von rechts nach links und wieder zurück, springt auf, um zum Drucker zu eilen und murmelt dabei laufend vor sich hin, dass »das alles kaum zu schaffen« sei. Fühlen Sie sich von einem solchen Verhalten unter Druck gesetzt?

  oft (2) manchmal (1) nie (0)

11) Haben Sie schon festgestellt, dass Sie sich nach den komplexen theoretischen Ausführungen eines Kollegen, einer Bekannten oder Ihres Partners matt und erschöpft fühlten und gar nicht mehr wussten, wie und warum Sie etwas anfangen wollten?

  oft (2) manchmal (1) nie (0)

12) »Die Gesellschaft/Familie/Schule/die Firma nimmt ihre Verantwortung nicht wahr« – wie oft sehen Sie sich solchen ausfüllungsbedürftigen Verallgemeinerungen gegenüber?

  oft (2) manchmal (1) nie (0)

13) Bedrückt Sie die Berichterstattung über Naturkatastrophen in den Nachrichten oder über tragische Einzelschicksale in Boulevardmagazinen?

  sehr (2) ein bisschen (1) gar nicht (0)

14) Wie oft fühlen Sie sich von anderen, seien es Ihr Partner, Familienmitglieder, Freunde oder Kollegen, ermutigt,

etwas Neues auszuprobieren oder spontan etwas zu unternehmen?

oft (2)　　　manchmal (1)　　　nie (0)

Auswertung

Zählen Sie nun die Punkte zusammen, die sich aus Ihren Antworten ergeben und erfahren Sie, wie sehr Sie von *Jammer-Junkies*, *Besserwisser-Bösewichten*, *abstrakten Abzockern* oder anderen Gute-Launen-Dieben umgeben sind.

0–8 Punkte:

Beneidenswert – Ihr Umfeld besteht aus Menschen, die Wohlgefühl, Vergnügen und Sonnenschein in Ihr Leben bringen, und Sie scheinen weitgehend vom Gute-Laune-Diebstahl verschont zu sein! Trotzdem lohnt es sich für Sie besonders, die verschiedenen Gute-Laune-Diebe besser kennen zu lernen: Da Sie bisher kaum Kontakt mit ihnen und ihren hinterlistigen Methoden hatten, sind Sie eine besonders leichte Beute. Obacht!

9–18 Punkte:

Tja, so ist es nun einmal: Das Leben hat viele Sonnenseiten, aber viel zu oft, wenn Sie gerade mal wieder eine entdeckt haben, kommt ein Gute-Laune-Dieb daher und verdunkelt Ihren Horizont. Das muss nicht sein, denn gegen jeden der fiesen Saboteure ist ein Kraut gewachsen. Wenn Sie nach der

Lektüre der folgenden Kapitel die sieben meistgefürchteten Typen erst kennen, werden Sie auch Bescheid wissen, wie Sie sich gegen sie wehren können.

19 – 28 Punkte:

Liebe Leserin, lieber Leser, verzweifeln Sie nicht: Für Menschen wie Sie haben wir dieses Buch geschrieben! Sie scheinen wirklich in Ihrem Alltag von Gute-Laune-Dieben der unterschiedlichsten Charaktere umzingelt zu sein, die Ihnen systematisch jeden schönen Moment verderben. Lassen Sie sich das nicht länger gefallen! Lesen Sie im Folgenden, welche Typen Sie besonders malträtieren und welche Gegenzauber wirksam sind, und schon bald werden Sie eine völlig neue Lebensqualität erfahren – versprochen!

Überlisten Sie den Jammer-Junkie

**Der Jammer-Junkie geht durchs Leben wie
ein Fahrradfahrer ohne Luft in den Reifen. Pumpen
Sie ihm aber die Reifen auf, wird er sich beklagen,
dass alles viel zu leicht geht.**

Wer kennt ihn nicht, den *Jammer-Junkie*? Er ist zu einer ständigen Begleiterscheinung in unserer Gesellschaft geworden. Leicht kann man ihn daran erkennen, dass er betrübt durch die Welt schlurft und sich mutlos und verunsichert seinen Sorgen hingibt. Mit großen traurigen Augen schaut er uns an und klagt über die großen Ungerechtigkeiten, die ihm tagtäglich geschehen. Jede Gelegenheit im zwischenmenschlichen Miteinander nutzt er aus, um vor uns sein bedauernswertes und unglückliches Schicksal auszubreiten.

Auf der Suche nach Leidensgenossen

Das einzige Sinnen und Trachten des *Jammer-Junkies* ist es, Zuhörer für seine Jammerstorys zu finden. Schließlich möchte er sich nicht allein durchs Leben jammern, sondern im großen Kreis der Leidensgenossen Geborgenheit finden. Der *Jammer-Junkie* kann ein durchaus freundlicher Zeitgenosse sein, der auch gerne von sich aus auf uns zugeht. Allerdings interessiert er sich weniger für uns, sondern will uns mit Geschichten über Hoffnungslosigkeit, Schicksalsschläge und Mutlosigkeit hinab in sein Jammertal ziehen.

Sie erkennen den *Jammer-Junkie* daran, dass er im Verlauf eines Gespräches immer tiefer in Leidensgeschichten versinkt. Ganz gleich, um welches Thema es geht, sei es der Job, die Kindererziehung, die Partnerschaft, die Freizeitgestaltung oder gleich das Schicksal der gesamten Welt – er wird Ihnen keine Möglichkeit lassen, den Dingen etwas Positives abzugewinnen. Mit seinem zwanghaften Gute-Laune-Diebstahl verdunkelt er nach und nach auch die Sonne, die Licht in Ihr Leben bringt.

Aus eigener schmerzhafter Erfahrung wissen wir, dass es kaum einen Elternabend in der Schule, einen Kontakt auf Partys, eine Mittagspause mit Kollegen oder ein Gespräch auf einer Familienfeier gibt, ohne dass der eine oder andere *Jammer-Junkie* durch seine hinterlistigen Einflüsterungen versuchen wird, die eigentlich positive Stimmung an sich zu reißen.

Beim Elternabend setzt er seine destruktive Energie konzentriert dafür ein, in epischer Breite Schwarzmalerei zu betreiben. Wird den Eltern eine neue Lehrerin vorgestellt, ruft er sogleich: »Was soll schon eine neue Lehrerin bewirken? Es weiß doch jeder, wie Deutschland beim PISA-Test abgeschnitten hat.« Den Hinweis, dass jetzt keine Stunden mehr ausfallen werden, kontert er: »Das spielt doch keine Rolle, in der Schule wird doch eh nur sinnloses Faktenwissen vermittelt. Wie sollen unsere Kinder da zu eigenständigen Persönlichkeiten heranwachsen?«

Auf Partys findet man den *Jammer-Junkie* häufig beim Büfett in der Küche an. Dort leistet er ungefragt Aufklärungsarbeit mit Sätzen wie: »Dem Steak hier ist in Brasilien der Regenwald zum Opfer gefallen.« Versucht ihn ein Gast dann dadurch aufzuheitern, dass er Vegetarier sei, wird dies den *Jammer-Junkie* in noch tiefere Verzweifelung stürzen: »Die Sojabarone sind ja noch viel schlimmer als die Rinderbarone. Ich mag gar nicht daran denken, was durch deren

Genmanipulationen an der Sojabohne noch alles an Umweltkatastrophen ausgelöst werden wird.«

Im Arbeitsleben macht er jeden Abteilungserfolg mit einem Verweis auf die schlechte Konjunkturlage madig: »Wir können uns hier doch noch so abmühen, aber was sollen wir schon machen, wenn uns die Politiker ständig im Stich lassen.« Zieht die Konjunktur dann wieder an, wird ihn dies nicht umstimmen. Er bleibt seiner negativen Grundhaltung treu und befürchtet: »Das sind doch erste untrügliche Zeichen einer Überhitzung. Der Absturz, der zwangsläufig auf den Aufstieg folgen muss, wird für uns alle umso schlimmer werden.«

Wird man vom *Jammer-Junkie* auf dem falschen Fuß erwischt, steigt man womöglich in sein Jammern ein und stellt viel zu spät fest, dass man sich damit seiner eigenen guten Laune beraubt hat. Denn im Zusammenspiel mit dem *Jammer-Junkie* ist es sehr schwer, die eigene Fröhlichkeit zu bewahren. Dies liegt zum einen daran, dass der *Jammer-Junkie* über die Kunst verfügt, jeden noch so kleinen Hoffnungsschimmer sogleich durch düstere Wolken zu verdunkeln. Er wird auf Ihre Einwände gar nicht eingehen, sondern schnell zum nächsten Elendsszenario überwechseln.

Zum anderen ist die Kraft negativer Gedanken sehr mächtig: Unglück bewegt uns alle emotional viel stärker als gute Nachrichten. Glücksforscher verweisen hier auf das 1 000-Euro-Experiment: Menschen, die 1 000 Euro an der Börse gewinnen, müssten sich eigentlich genauso intensiv freuen, wie diejenigen sich ärgern müssten, die 1 000 Euro verlieren. Allerdings hat die Wissenschaft herausgefunden, dass Unglück sich um ein Vielfaches härter und schonungsloser anfühlt als Glück der gleichen Größe. Es gibt also nicht wenige Menschen, die den Verlust von 1 000 Euro sicherlich als zehn Mal so stark empfinden wie den »bloßen« Gewinn der gleichen Summe.

Dies ist allerdings nicht nur beim Gewinn oder Verlust von Geld so. Wir neigen alle dazu, gute Nachrichten einfach hinzunehmen, während wir uns stundenlang mit negativen Ereignissen beschäftigen können. Wenn wir also nicht aufpassen, trifft der *Jammer-Junkie* genau diesen Nerv bei uns: den Mitleidsnerv. Und dann sind wir ihm und seiner Leidenstaktik hilflos ausgeliefert.

Wer sich in der Kunstfertigkeit, *Jammer-Junkies* zu überlisten, schulen möchte, kann mehrere Wege beschreiten. Auf der Hand liegt sicherlich, sich zunächst mit den Ursachen für sein Verhalten zu beschäftigen. Auch die Wirkung seines üblen Tuns sollte man sich exemplarisch vor Augen führen, um die ganze Tragik zu erfassen, die sein bösartiges Vorgehen hinterlässt. Und dann sollte man sich auch die richtigen Gegenzauber aneignen, um die gemeinen Pläne des *Jammer-Junkies* zu durchkreuzen.

Vom Sinn des Jammerns

Um sich ein tieferes Verständnis für die Beweggründe des *Jammer-Junkies* zu erarbeiten, hilft ein Blick in die Entwicklungsgeschichte des Menschen. Denn so häufig, wie das

Jammern heutzutage anzutreffen ist, muss es doch wohl aus irgendeinem Grund auch einmal wichtig für den Fortbestand der Menschheit gewesen sein.

Diesen Blickwinkel würden Evolutionsforscher durchaus bejahen. Schließlich gibt es eindeutige Erkenntnisse, dass Jammern, Zetern und Nörgeln in der Steinzeit für den Menschen eine wichtige Funktion im Überlebenskampf hatten. Gefahren wie wild umherstreifende hungrige Wolfsrudel, das Sammeln tödlicher Pilze im Wald und natürlich auch das Angreifen feindlicher Stämme mussten seinerzeit schnell, laut und deutlich und mit einer gewissen Nachhaltigkeit an Stammesgenossen mitgeteilt werden. Sonst war sowohl das persönliche als auch das Überleben der Horde überaus gefährdet.

Und so ist auch noch heute: *Jammer-Junkie*s haben eine gute Antenne für Gefährdungen, Angriffe und Enttäuschungen jeder Art. Sie sind das Frühwarnsystem in sozialen Beziehungen, denn sie nehmen sensibler als andere war, wo Gefahren lauern könnten. Im Berufsleben spüren sie Konflikte, die durch Überforderung, Grabenkämpfe oder persönliche Spannungen entstehen, bevor andere diese wahrnehmen. Und auch in der Partnerschaft sind *Jammer-Junkie*s diejenigen, die Hinweise auf wachsende Unzufriedenheit, aufkommende Enttäuschung und erkaltende Gefühle als Erste erkennen.

Aus der Evolutionsgeschichte ergibt sich auch der Hinweis darauf, warum wir so empfänglich für die Unglücksgeschichten der *Jammer-Junkie*s sind. Seit den Anfängen der Menschheit sind wir nämlich darauf geprägt, auf schlechte Nachrichten sehr viel unmittelbarer und emotionaler zu reagieren als auf gute. So werden wir auch heute noch durch Problemschilderungen sehr viel stärker aufgewühlt als durch die Mitteilung, dass alles bestens läuft. Warnlaute klingen bis heute schriller in unseren Ohren als das heitere Lachen der Zufriedenheit.

Doch der *Jammer-Junkie* von heute hat mit dem Warnrufer von damals nur noch wenig gemein. Das größte Problem ist, dass er nicht mehr vor konkreten Gefahren warnt, sondern es ihm nur um eine allgemeine Emotionalisierung geht. Er badet nun einmal gerne in Gefühlen, leider in schlechten, und diese schlechten Gefühle will er uns von morgens bis abends mit seiner Jammerei aufzwingen.

Und so verwundert es nicht, dass der *Jammer-Junkie* überhaupt kein Interesse daran hat, irgendein Problem jemals einer Lösung zuzuführen. Im Gegenteil: Wenn die Dinge rund laufen, ist der *Jammer-Junkie* sofort zur Stelle, um die gute Stimmung zu zerstören. Er wird sich bei aufkommender guter Laune geradezu herausgefordert fühlen, durch Wehklagen einen Stimmungswechsel herbeizuführen. Seine Chancen sind üblicherweise nicht schlecht, da – wie wir ja bereits festgestellt haben – negative Gefühle stärker wirken als positive.

Der *Jammer-Junkie* ist damit aber auch ein Opfer seines eigenen Vorgehens. Da er auf die negativen Gefühle setzt, um sein Emotionskonto zu füllen, lässt er die weniger stark wirkenden angenehmen Gefühle immer mehr unter den Tisch fallen. So besteht das Risiko, dass das ständige Beschwören von Leid, Kummer und Trauer im Laufe der Zeit dazu führt, dass die gesamte Wahrnehmung der Umwelt immer einseitiger wird. Sein rudimentär vorhandenes Gespür für gute und angenehme Gefühle wird dabei immer mehr verkümmern und irgendwann völlig auf der Strecke bleiben.

Über kurz oder lang sitzt der *Jammer-Junkie* damit in seinem selbst geschaffenen Teufelskreis fest. Seine Wahrnehmung von guten Gefühlen wird sich immer weiter abschwächen. Im Gegenzug verstärkt sich die Macht der schlechten Gefühle so weit, bis der *Jammer-Junkie* ohne seine tägliche Portion Kummer nicht mehr auskommen kann.

Er wird dann anfangen, sich die Welt schlechter zu reden, als sie ist. Denn wie ein echter Junkie benötigt er immer größere Portionen seiner Droge, also Leid, Schmerz und Tränen. Dabei könnte es in letzter Konsequenz so weit kommen, dass sich der *Jammer-Junkie* mehr und mehr an der bloßen Vorstellung von Gefahren berauscht. Wie ein echter Junkie verlässt er die Ebene der Realität, um sich in buntesten Farben die schlimmsten Katastrophen, Unglücke und Schreckensszenarien auszumalen. Und dass, obwohl in seinem privaten und beruflichen Umfeld eigentlich alles in guter Ordnung ist.

Ausflug ins Jammertal

Jammer-Junkies rauben nicht nur sich selbst, sondern auch anderen gern die gute Laune. Wie der Gute-Laune-Diebstahl abläuft, schildern wir Ihnen nun. Sie werden einen *Jammer-Junkie* dabei erleben, wie er versucht, Aufmerksamkeit und

Zuneigung zu gewinnen, leider auf Kosten seiner und insbesondere unserer guten Laune.

Beispiel: Die Lust am Frust

Bettina steht mitten im Leben. Als Mutter managt sie den Familienalltag für sich und ihre zwei Kinder und kommt damit und auch mit ihrem Halbtagsjob eigentlich gut zurecht – zumindest von außen betrachtet. Bettina sieht das aber ganz anders, denn sie steht im Bann eines intriganten *Jammer-Junkies*.

Deshalb sieht sie ihr Leben als trübsinnige Veranstaltung, in der ein Unglück das nächste jagt und eine Katastrophe auf die nächste folgt. Durch ihre Brille der Schwarzmalerei sieht sie die Farben des Lebens schon lange nicht mehr, ihr erscheint alles grau in grau. Und dies teilt sie ihrer Umwelt auch gerne in langatmigen Jammer-Monologen mit. Damit hat sie mittlerweile sowohl im Beruf als auch im Privatleben all diejenigen vertrieben, die dem Leben schöne Momente abgewinnen können. Geblieben sind ihr dagegen Melancholiker, Trübsinnsverstärker und Dauernörgler.

Geht Bettina mit ihren Kindern zum gemeinsamen Kinderturnen, stellt sie sich als Erstes in die Ecke, um mit ihren Lieblingsleidensgenossen Jammerarien anzustimmen. Statt mit ihren Kindern fröhlich zu singen, herumzutollen und Ball zu spielen, sondert sie sich ab. Die vorsichtig geäußerte Bitte der Übungsleiterin, sich den aktiven Eltern anzuschließen und den Kindern beim Turnen Hilfestellung zu geben, lehnt sie mit dem Hinweis ab: »Ich weiß gar nicht, ob ich das will und kann. Wenn ein Kind hinfällt, würde ich mir nie verzeihen, dass ich nicht besser aufgepasst habe. Ich bleibe lieber hier am Rand stehen und schaue zu.«

Da Bettina und ihre Leidensgenossen lieber mit ihren Problemdiskussionen unter sich bleiben, geschieht das Unvermeidliche: Sich selbst überlassen, fangen die Kinder an, sich zu schubsen und zu ärgern, bis mehrere Kinder weinen. Bettina registriert dies mit einem Seitenblick und denkt sogleich betroffen: »Jetzt wird schon unter Kindern gemobbt, die Verrohung der Gesellschaft hat mittlerweile auch schon den Sportverein im Griff.«

Daraufhin schnappt sie sich ihre Kinder und zerrt sie schnell aus der Turnhalle. Den Kindern gefällt dies natürlich nicht, sie wollen lieber weiter mit ihren Freundinnen und Freunden spielen und turnen. Das nun einsetzende Protestgeschrei der Kinder deutet Bettina falsch. Sie glaubt: »Jetzt haben die zarten Kinderseelen irreparablen Schaden durch das aggressive Umfeld genommen. Da sieht man mal, was passiert, wenn man Kinder sich selbst überlässt.« Beim nächsten Vereinstreffen will Bettina unbedingt ansprechen, wie unfähig und desinteressiert die Übungsleiterin das Kinderturnen durchführt.

Auch im Büro kann Bettina nicht aus ihrer Haut. Egal um was es geht, sie beginnt sofort zu jammern, sich zu beschweren und zu klagen. Dies klappt nicht, jenes funktioniert nicht, und überhaupt hat alles keinen Sinn. Bettina ist der Schrecken aller Mitarbeiter; insbesondere die neuen, die sie noch nicht kennen, fallen auf sie herein, denn ein freundliches Lächeln verschleiert beim ersten Kontakt ihre Jammerabsichten.

Dann geht es jedoch los, ihre Stimme überschlägt sich, sie knallt ihren neuen Gesprächspartnern die Probleme der Firma und der Welt – vermischt mit ihren eigenen – gleich im Dutzend an den Kopf: »Sie armer Mensch, dass Sie gerade hier gelandet sind. Sie glauben gar nicht, wie angespannt die Arbeitsatmosphäre hier ist. In der Probezeit sind Sie ja besonders gefährdet. Auch mich würde man am liebsten kündigen, wenn man wüsste, wie. Neulich hat mich doch ein Außendienstmitarbeiter fast auf dem Firmenparkplatz angefahren. Wer weiß, ob das nicht geplant war. Außerdem hat mein Sohn Probleme in der Schule, darauf wird doch hier überhaupt keine Rücksicht genommen. Es ist schlimm, wie genormt Menschen heute sein müssen, um in der Gesellschaft zu bestehen. Wo bleibt denn da die Menschlichkeit? Und hüten Sie sich bloß vor der Abteilungsleiterin Frau Müller und dem Teamleiter Herrn Schmidt.« So kommen die neuen Kollegen nicht um den Eindruck herum, dass sie beim Leibhaftigen in der Hölle gelandet sind.

Selbst wenn die neuen Kollegen nach einiger Zeit festgestellt haben, dass es nicht so schlimm ist und Bettina unter dem Einfluss ihres *Jammer-Junkies* wohl ihre eigene Hölle beschrieben hat, wird sie nicht freiwillig von ihnen ablassen. Jeden positiven Aspekt, den die neuen Kollegen in der Arbeit sehen und jeden Erfolg, an dem sie sich erfreuen, wird sie so lange zerreden, bis nur noch Depression und Verzweiflung im Raum stehen.

Wirksame Gegenzauber zur Abwehr des Jammer-Junkies

Um Gegenzauber gegen *Jammer-Junkies* einsetzen zu können, müssen Sie zunächst lernen, diese Gute-Laune-Diebe zu identifizieren. Gelegentliche traurige Stimmungen, die uns alle von Zeit zu Zeit befallen können, bedeuten noch lange nicht, dass wir von einem *Jammer-Junkie* besessen sind. Jeder Mensch benötigt ab und zu einen aufmerksamen Zuhörer für seine Probleme. Manche Sorgen werden kleiner, wenn man sich über sie austauscht. Und manchmal brauchen wir einfach jemand, der uns tröstende Worte spendet und uns versichert, dass alles gar nicht so schlimm ist.

Daher haben die meisten Menschen ein offenes Ohr für die Probleme anderer. Somit kann es leicht passieren, dass sich der *Jammer-Junkie* heimtückisch in unser Vertrauen schleicht und unser Entgegenkommen ausnutzt. Um darauf nicht hereinzufallen, sollten Sie hellhörig werden, wenn man Sie ausschließlich mit Problemen, Sorgen und Nöten konfrontiert.

Befürchten Sie, dass man Ihnen mit Problemschilderungen nur die gute Laune stehlen will, sollten Sie den *Jammer-Junkie*-Test machen: In der ersten Teststufe versuchen Sie, Ihr Gegenüber im entstehenden Problemgespräch auf schöne Dinge hinzuweisen. Steigt die Testperson nicht darauf ein, sondern jammert einfach weiter, sollten Sie sie nicht vorschnell aufgeben. Machen Sie im zweiten Schritt für irgendeines der angesprochenen Probleme einen konkreten

Lösungsvorschlag. Entzieht sich die Testperson diesem konstruktiven Ansinnen dadurch, dass sie Ihnen lang und breit
die Vergeblichkeit Ihrer Problemlösung erläutert, können
Sie sich schon ziemlich sicher sein, dass Sie es mit einem
professionellen *Jammer-Junkie* zu tun haben.

Gewissheit haben Sie, wenn Ihr Gegenüber nach dem ge-
konnten Abwehren Ihres Lösungsvorschlags erst richtig los-
legt. Ein echter *Jammer-Junkie* fühlt sich durch konkrete
Handlungsvorschläge in seiner Weltsicht bedroht und herausgefordert, Ihnen beweisen zu müssen, wie vergeblich
doch alles ist. Er wird nun von Problem zu Problem springen und um Sie herum ein Netz aus Trübsinn und Verzweiflung spinnen, um letztendlich auch den letzten Tropfen guter
Laune aus Ihnen herauszusaugen.

Wenn Sie sich nach unserem *Jammer-Junkie*-Test sicher
sind, dass Sie einen Gute-Laune-Dieb vor sich haben, sollten
Sie vorsichtig werden. Wie Sie ja wissen, ist die Anziehungs-
kraft der negativen Gefühle sehr groß! Zu leicht könnten Sie
schwach werden und mit in den Strudel der Verzweiflung
hineingezogen werden. Dann würde es schwer für Sie, jemals wieder das rettende Ufer der Zuversicht zu erreichen.

Akzeptieren Sie für sich, dass *Jammer-Junkies* ihre Gefühle nun einmal stets negativ – und auf Kosten anderer –
ausleben müssen. Wenn Sie genau hinschauen, werden Sie
des Öfteren sogar beobachten können, wie unfassbare Ka-
tastrophenschilderungen ein leichtes Lächeln auf die Lippen
des *Jammer-Junkies* zaubern werden. Machen Sie es sich im
Umgang mit dem *Jammer-Junkie* nicht unnötig schwer, in-

dem Sie versuchen, ihn von der Schönheit der Welt überzeugen zu wollen. Er ist nun einmal süchtig nach schlechten Gefühlen, und daran werden Sie nichts ändern können.

Gewöhnen Sie sich für Zusammentreffen mit *Jammer-Junkie*s einen spielerischen Umgang mit der dunklen Seite der Gefühle an. Nehmen Sie den *Jammer-Junkie* nicht zu ernst, und drehen Sie den Spieß doch einmal um: Wiegen Sie ihn in trügerischer Sicherheit, indem Sie selbst ein wenig mitjammern. Jeden Versuch, Ihnen die gute Laune mit einer Schreckensmeldung zu rauben, können Sie kontern, indem Sie ihn mit einer noch grausigeren Nachricht übertreffen. So schlagen Sie den *Jammer-Junkie* mit seinen eigenen Waffen.

Beginnt Ihr Gegenüber zum Beispiel über den Rinderwahnsinn zu klagen, weisen Sie auf hormonverseuchtes Schweinefleisch hin. Wechselt er zur Vogelgrippe, kontern Sie mit gehirnschädigenden Mobilfunkstrahlen. So ist in kürzester Zeit die schönste Jammerei im Gang, und Ihr Gegenüber wird Sie wohlwollend akzeptieren und Sie schneller als bisher in Ruhe lassen. Aus seiner Sicht haben Sie nun das richtige Weltbild, also braucht er bei Ihnen keine Überzeugungsarbeit mehr zu leisten. Er wird sich lieber auf die Suche nach anderen Opfern machen. Wenn Sie sich eine Zeit lang auf diese Weise desensibilisiert haben, werden Sie zufrieden feststellen, dass Sie mit mehr innerem Abstand als früher auf *Jammer-Junkies* reagieren.

Im Berufsleben ist es manchmal geboten, den *Jammer-Junkie* etwas härter anzufassen. Bremsen Sie ihn nach einer kurzen Aufwärmphase ab, indem Sie beispielsweise rufen: »Genug gejammert, jetzt brauche ich erst einmal positive Nachrichten! Wie weit sind Sie denn mit Ihren Aufgaben gekommen?« So besteht zumindest die Hoffnung, den *Jammer-Junkie* wenigstens von Zeit zu Zeit arbeitsfähig zu bekommen.

Sie können ihm natürlich auch ein Schnippchen schlagen und seine problembeladene Weltsicht nutzen, um ihm Honig um den Bart zu schmieren, beispielsweise mit dem Statement: »Ich bewundere es, dass Sie trotz dieser vielen Schwierigkeiten immer noch die Kraft aufbringen, so gute Arbeit zu leisten!« Haben Sie es einmal eilig und Ihnen ist nach etwas Ironie zumute, dürfen Sie den *Jammer-Junkie* auch mit den Worten »Toll, mit Ihnen kann wirklich einmal prima abjammern, das tut mir richtig gut!« abfertigen. Manchmal brauchen Sie auch Totschlagsargumente, um den *Jammer-Junkie* in seinem Wortfluss zu bremsen, geeignet wäre: »Ja, ja, die Sorgen vermehren sich ständig. Wie gut, dass wir nicht in 100 Jahren leben, da wäre alles bestimmt noch viel schlimmer als heute.«

Das Jammern mit dem *Jammer-Junkie* will durchaus gelernt sein. Bei diesem Gute-Laune-Dieb dürfen Sie sich von Zeit zu Zeit auf sein böses Spiel einlassen, aber natürlich nur, wenn Sie sich immer wieder die Spielregeln bewusst machen. Für Sie eröffnet das überzogene Mitjammern auch die Möglichkeit, eigene Probleme distanzierter zu betrachten. Übertreibungen sind durchaus ein gutes Mittel, um Schwierigkeiten zu relativieren. Vielleicht versetzt Sie die Auseinandersetzung mit dem *Jammer-Junkie* sogar in die Lage, eigene Sorgen – öfter als bisher – etwas leichter zu nehmen.

Zähmen Sie das Misstrauensmonster

**Das *Misstrauensmonster* ist ein Angstbeißer:
Jede offene Hand, die sich ihm freundlich
entgegenstreckt, hält es für eine heimtückisch
getarnte Faust.**

Auch das *Misstrauensmonster* gehört zu den Gute-Laune-Dieben, mit denen man täglich konfrontiert wird. Genauso wie der *Jammer-Junkie* leidet es unter Sorgen, Verunsicherung und Mutlosigkeit. Der Unterschied zeigt sich aber in der individuellen Verarbeitung dieser Ängste. Während der *Jammer-Junkie* an seinem stetigen und eindeutigen Gejammer und Gezeter leicht zu erkennen ist, weil Probleme, Verbitterung und Verdrossenheit eigentlich zu jeder Tages- oder Nachtzeit nur so aus ihm herausprudeln, verhält sich die Sache beim *Misstrauensmonster* ganz anders.

Misstrauen gegen alle und sich selbst

Das *Misstrauensmonster* sucht weniger Verbündete zum Mitjammern, um so Gemeinsamkeit herzustellen, sondern will sich ganz bewusst von anderen absetzen. Dies wäre – zumindest für uns – nicht weiter schlimm, wenn das *Misstrauensmonster* so unter seinen Angststörungen und Neurosen litte, dass es sich total zurückziehen und sich nicht mehr aus dem Haus trauen würde. Aber diesen Gefallen tut es uns nur manchmal. Viel öfter lebt es sein Misstrauen leider aktiv aus und nervt uns mit einer wohldosierten Eskalationsstragie. Los geht es mit Sticheleien und kleinen Spitzen, die mit einem vorwurfsvollen Ton in der Stimme vorgebracht werden, dann folgen Angriffe und Vorwürfe, und schließlich kommt es zur großen Abrechnung in theatralischem Ton.

Misstrauensmonstern wird man immer wieder begegnen, sei es am Arbeitsplatz, in der Familie oder im Freundes- und Bekanntenkreis. Damit ist es gar nicht so einfach, ihnen auszuweichen. Nicht immer treten sie als Dauernörgler auf, manchmal haben sie auch ihre guten Minuten, in denen sie recht verträglich sind. Man sollte sich im Umgang mit *Misstrauensmonstern* jedoch nie in Sicherheit wiegen: Sie schlagen gerne unvermittelt und damit umso wirkungsvoller zu.

Chefs, die im Bann des *Misstrauensmonsters* stehen, können einem sehr schnell die gute Laune rauben mit Sätzen wie: »Das wusste ich doch gleich, dass Sie mit der Aufgabe überfordert sind!« Werden Partner vom *Misstrauensmonster* geritten, lassen sie sich zu Formulierungen wie: »Meine Mutter hat mich von Anfang an vor dir gewarnt!« hinreißen. Und befinden sich Freunde im Griff des *Misstrauensmonsters*, rutscht ihnen auch einmal heraus: »Es war ja eigentlich von Anfang an klar, dass du nicht richtig mitziehen würdest.« Wobei wir zu Ihren Gunsten in allen drei Fällen unterstellen wollen, dass Sie nicht wirklich Unsinn verzapft haben, sondern aus heiterem Himmel mit Unterstellungen und Angriffen eingedeckt werden.

Das Gemeine am Vorgehen des *Misstrauensmonsters* ist, dass die persönlichen Vorwürfe wie ein Schlag mitten ins Gesicht wirken. Auch wenn sie eigentlich ungerechtfertigt sind, trifft uns die Kritik doch hart. Mühsam ringen wir nach Luft, bemühen uns, unsere Fassung zu bewahren und ertappen uns dabei, wie wir anfangen, uns selbstkritisch unter die Lupe zu nehmen und zu hinterfragen. Haben wir aus Versehen etwas falsch gemacht? Könnte an den Vorwürfen nicht doch etwas dran sein? Sind wir wirklich so unfähig und unsensibel, wie unser Gegenüber es behauptet?

Und schon ist die schönste Unglücksspirale in Gang gesetzt. Entweder lassen wir uns auf selbstkritisches Grübeln ein und versinken in Selbstzweifeln, oder wir gehen zum Gegenangriff über und decken unsererseits das *Misstrauensmonster* mit Kritik und Vorwürfen ein. Dass beides einer gehobenen Stimmung nicht gerade zuträglich ist, versteht sich von selbst. Aber wie fremdgesteuert spielen wir das Spiel des *Misstrauensmonsters* mit. Wir lassen uns in seinen Bann ziehen, akzeptieren seine düsterere Weltsicht – und schon scheint die Sonne nicht länger für uns.

Wer mehr glückliche Momente in seinem Leben haben möchte, sollte deshalb für Kämpfe mit dem *Misstrauensmonster* gewappnet sein, da sich Zusammenkünfte mit ihm kaum vermeiden lassen. Um diesem gefährlichen Glücksgegner aber angemessen gegenübertreten zu können, muss man lernen, ihn zu durchschauen. Und genau dies werden wir nun gemeinsam in Angriff nehmen: Warum sieht das *Misstrauensmonster* mehr Schatten als Licht im Leben? Welche Dämonen treiben es um? Und gibt es überhaupt Möglichkeiten, das *Misstrauensmonster* zu zähmen?

Eine Kindheit voller Misstrauen

Wer das bösartige Verhalten des *Misstrauensmonsters* besser verstehen möchte, sollte einen Blick in seine Vergangenheit werfen. Auch das *Misstrauensmonster* war einmal ein liebenswerter kleiner Schatz, der mit offenen Armen auf die Welt zuging. Leider hat es seine Umwelt wohl nicht ebenfalls mit offenen Armen willkommen geheißen, sondern ihm mehr als einmal Steine in den Weg gelegt oder es gar gegen die Wand laufen lassen. Es suchte nach Lob, Bestätigung und Anerkennung, erntete aber Kritik, Abwertung und Ablehnung. Bei Gelegenheiten, wo andere das süße Gefühl des Urvertrauens kennen lernten, musste es lernen, wie bitter Hohn und Spott schmecken.

Alles, was es tat, war seinen Eltern nicht gut genug. Malte es als vierjähriges Kind ein Haus, musste es sich anhören: »Was ist denn das für ein Gekritzel, die Proportionen von Schornstein und Haustür stimmen ja gar nicht. Und du hättest ja auch wirklich geradere Striche ziehen können!« Brachte es mit neun Jahren eine Zwei im Diktat mit nach Hause, musste es sich vorwerfen lassen: »Wie schade, hättest du mehr geübt, hättest du auch eine Eins schreiben können!« Und auch noch heute muss es sich bei Familientreffen anhören: »Hättest du in der Schule besser aufgepasst, wäre aus dir auch mehr geworden, nimm dir mal ein Beispiel an deinem Cousin!«

Irgendwann resignierte das *Misstrauensmonster* und ergab sich seinem Schicksal. Seine Abwehrkräfte gegen die Demütigungen und Herabsetzungen waren zu schwach. Es begann damit, anderen das Misstrauen entgegenzubringen, das es selbst erlitten hatte. Von nun an konnte es ihm keiner mehr recht machen – und so ist es bis heute geblieben. Es beschwert sich bei jeder Gelegenheit darüber, dass sich alle stets zu wenig Mühe geben. Es mault an allem herum, was nicht seinen Vorstellungen von absoluter Perfektion entspricht. Und deswegen kritisiert es auch Leistungen, die »nur« zu 99 Prozent (statt verlangter 100 Prozent) erbracht werden.

So lassen sich auch in der jüngeren Vergangenheit oft Ursachen für das Verhalten des *Misstrauensmonsters* finden. Wurde es irgendwann einmal in einer Beziehung betrogen, so wird es ganz sicher fest daran glauben, auch in der aktuellen Partnerschaft enttäuscht werden: »Ich hätte es wissen müssen. Es war ja eigentlich von Anfang an klar, dass du mich nicht wirklich liebst!«

Seinen Hang zum permanenten Misstrauen kultiviert dieser Gute-Laune-Dieb irgendwann sogar aus eigenem Antrieb. Denn um die von ihm empfundene eigene Unvollkommenheit überhaupt noch ertragen zu können, muss das *Misstrauensmonster* anderen bei jeder Gelegenheit ihre Leistungen madig machen. Statt mit sich selbst im Großen und Ganzen im Reinen zu sein und sich als Mensch mit Stärken und Schwächen zu akzeptieren, begreift es sich als minderwertig, unbegabt und dumm. Deshalb versucht es, andere herunterzuziehen, indem es sie so geringschätzig behandelt, wie es selbst behandelt wurde. Erst wenn es alles dafür getan hat, dass ihm die Menschen in seiner Umgebung ebenso unzulänglich erscheinen, wie es sich selbst einschätzt, ist es zufrieden.

Damit haben wir den Zugang des *Misstrauensmonsters* zur Welt herauskristallisiert: Es nutzt Abwertung und Herabwürdigung als einziges Mittel der Kontaktaufnahme, weil es einfach nichts anderes kennen gelernt hat. Genauso wie sympathische Menschen etwas Small Talk betreiben, Dinge loben oder das eine oder andere Kompliment machen, um Kontakt zu anderen Menschen herzustellen, verhält sich auch das *Misstrauensmonster*, nur leider spiegelverkehrt: Statt locker auf andere zuzugehen, gibt es sich schon im Erstkontakt unversöhnlich, kritisiert ohne Unterlass und wertet andere ab.

Schon viele einfühlsame, geduldige und verständnisvolle Mitmenschen haben das *Misstrauensmonster* darauf hingewiesen, dass chronische Skepsis auf Dauer einsam macht. Diese unaufgeforderten Rettungsversuche ignoriert das *Misstrauensmonster* aber immer wieder hartnäckig. Als Experte in Sachen Misstrauen kann es auf einen reichhaltigen Erfahrungsschatz zugreifen und unzählige, seiner Ansicht nach unwiderlegbare Beispiele dafür liefern, dass sich Vertrauen im Leben einfach nicht auszahlt.

Versucht man dem *Misstrauensmonster* also zu erklären, dass es im zwischenmenschlichen Miteinander meist viel leichter geht, wenn man ein freundliches Lächeln zeigt oder ein paar nette Worte verliert, erwidert es trotzig, dass es keine Lust habe, falsche Gefühle zu heucheln. Betont man, dass gute Freunde das Leben bereichern, setzt einem das *Misstrauensmonster* haarklein die Gefahren auseinander, die sich daraus ergeben könnten, dass man in gefühlsduseliger Stimmung zu viel Privates von sich preisgibt. Und beschwört man in einer anstrengenden

Grundsatzdiskussion mit dem *Misstrauensmonster* die Kraft der Liebe, weist es auf die ständig steigenden Scheidungszahlen hin.

Irgendwann hat das *Misstrauensmonster* dann auch den letzten wohlwollenden Freund vergrault. Es hatte seine Chancen, sich zu hinterfragen und sich den Freuden der Welt ein wenig zu öffnen. Es wollte sie aber nicht nutzen, weil es auch den freundlichsten Tipps misstraute. So bleibt es weiter in seiner düsteren, aber vertrauten Welt.

Erleben Sie nach dieser Ursachenforschung nun das *Misstrauensmonster* in voller Aktion. Sie werden sehen, wie es vorgeht, um uns die gute Laune zu rauben. Und danach werden wir Ihnen einige Tricks vorstellen, um das *Misstrauensmonster* zu zähmen.

Mir macht es keiner recht

Was *Misstrauensmonster* so alles anrichten können, schildert der folgende Fall. Zugegebenermaßen haben wir einen Tag im Leben eines *Misstrauensmonsters* sehr plakativ nachgezeichnet. Im wirklichen Leben gehen *Misstrauensmonster* hoffentlich weniger drastisch vor, oder?

Beispiel: Vertrauen ist gut, Kontrolle ist besser

Klaus steht unter dem Bann des *Misstrauensmonsters*. Steht er frühmorgens auf, um zur Arbeit zu gehen, kontrolliert er als Erstes misstrauisch seinen Funkwecker, um zu überprüfen, ob nachts nicht böse Funksignale heimlich die Uhrzeit verstellt haben und er womöglich ungewollt eine Stunde zu früh aus dem Schlaf gerissen wurde. Natürlich ist die Uhrzeit korrekt, aber nun ist Klaus davon genervt, dass man sogar in den eigenen vier Wänden ständig auf der Hut sein muss.

Sieht er seine Kinder freudestrahlend mit geputzten Zähnen aus dem Badezimmer kommen, kommt ihm als Erstes der Gedanke, dass ihre Fröhlichkeit ein sicherer Hinweis darauf sein muss, dass sie das Badezimmer verwüstet und mit Sicherheit nicht die Zahnpastatube zugedreht haben. Ein strenger Kontrollblick bestätigt diese Befürchtungen zwar nicht, führt aber in der Konsequenz nur dazu, dass Klaus denkt: »Die könnten sich ja öfter einmal zusammenreißen!«

Auch der liebevoll gedeckte Frühstückstisch kommt ihm merkwürdig vor. Vorsichtshalber nippt er nur an seinem Kaffee. Es könnte ja sein, dass die Fröhlichkeit seiner lieben Kleinen auf einen schlechten Streich hindeutet. Vielleicht wollten sie ihn ärgern und haben ihm heimlich kaltes Wasser in seinen Morgenkaffee geschüttet, als er im Bad war. Seine Kaffee ist zwar – wie eigentlich jeden Tag – in Ordnung, aber trotzdem schimpft er präventiv mit seinen Kindern, man weiß ja nicht, was sie für morgen planen, da sind ein paar unbegründete Vorwürfe und pauschale Angriffe aufs Selbstwertgefühl auf jeden Fall nützlich für eine gelungene Erziehung.

Als Nächstes wittert Klaus Gefahr, weil ihn seine Lebens-partnerin vergnügt begrüßt. Bestimmt versucht sie ihn mit diesem Ablenkungsmanöver zu manipulieren. Klaus denkt angestrengt nach, und endlich fällt ihm ein, dass die Bade-zimmer neuerdings nicht mehr täglich, sondern nur noch alle zwei Tage geputzt werden. Vielleicht plant seine Frau, sein sauer verdientes Geld für eine Putzhilfe auszugeben? Misstrauisch schiebt Klaus dieser vermeintlichen Forderung schnell einen Riegel vor und hält seiner Frau einen Vortrag über die Gefahren, die lauern, wenn man Fremde in die Wohnung lässt. Diese würden erst so tun, als ob sie arbei-ten, und dann mit dem Tafelsilber und dem Bargeld stiften gehen. Seine Frau zeigt sich erstaunt und erhebt sich mit dem Hinweis, dass sie heute einen Großputztag geplant hat. Damit gibt sich Klaus aber nicht zufrieden und weist noch streng auf die Gefahren hin, die unregelmäßiges Put-zen für die Gesundheit der ganzen Familie haben kann.

Angekommen im Büro setzt Klaus sein böses Spiel fort. Eine freundlich lächelnde Kollegin, die ihm auf dem Flur begegnet, begrüßt er erst gar nicht, sondern beschwert sich gleich in pampigem Ton, was ihr einfallen würde, ihre Teilergebnisse für das gemeinsame Projekt einfach einen Tag vor dem vereinbarten Termin abzuliefern. Wie könne sie nur so verantwortungslos handeln – sie müsse doch wissen, dass derart übertrieben zügiges Arbeiten zwangs-läufig dazu führen wird, dass die eigenen Arbeitsplätze über kurz oder lang mangels Beschäftigung wegrationali-siert werden.

Wieder zu Hause angekommen gilt es dann, sich noch schnell, aber gründlich den Abend zu verderben. Zu diesem Zweck verabredet er sich mit einem neuen Arbeitskollegen zum Kneipenbesuch. Statt aber, wie vereinbart, um acht Uhr zu erscheinen, bleibt er in seiner Wohnung und ruft den Neuen auf dem Handy in der Kneipe an, um sich darüber zu beschweren, dass die Bierpreise doch viel zu hoch seien und er nicht bereit sei, sich von den schwerreichen Brauereikonzernen auch noch bis aufs Hemd ausziehen zu lassen, deswegen habe er sich zu Hause ein Bier aufgemacht, wodurch der Grund für das Treffen nun entfallen sei.

Auch das großzügige Angebot seines Kollegen, ihn einzuladen, durchschaut Klaus natürlich sofort als taktisches Manöver. So gut kenne man sich ja gar nicht, und seine Eltern hätten ihm nicht umsonst von Kindheit an eingeschärft, dass man von Fremden auf keinen Fall etwas annehmen dürfe. Letztendlich gäbe es nichts umsonst im Leben, und er hätte einfach kein Interesse daran, zu nicht kalkulierbaren Gegenleistungen verpflichtet zu werden. Legt der neue Kollege dann genervt auf, hat Klaus endlich sein Tagesziel erreicht: Er hat sich von morgens bis abends gründlich und umfassend bestätigt, dass die Welt sofort aus den Fugen geraten würde, wenn er nicht ständig misstrauisch auf der Hut sein und die anderen kontrollieren würde.

Zufrieden lehnt sich Klaus zurück. Er hofft inständig, dass der nächste Tag wieder viele Gelegenheiten bieten wird, sein Talent, Verschwörungen, Intrigen und Unvermögen aufzuspüren, unter Beweis stellen zu können.

Wirksame Gegenzauber zur Abwehr des Misstrauensmonsters

Das Wichtigste, was Sie im Umgang mit dem *Misstrauensmonster* lernen müssen, ist, dass Sie mit ihm weder über Misstrauen noch über Vertrauen sprechen dürfen! Versuchen Sie gar nicht erst, über Sinn oder Unsinn von ständigem Misstrauen zu diskutieren. Das *Misstrauensmonster* wird Ihnen für jedes Ihrer guten Vertrauensbeispiele ein Misstrauensgegenbeispiel liefern, und so werden Sie langsam, aber sicher in einer ermüdenden Diskussion aufgerieben und verlieren Ihre gute Laune.

Besser ist es, mit der Weltsicht des *Misstrauensmonsters* zu arbeiten. Das heißt, Sie müssen akzeptieren, dass das *Misstrauensmonster* nun einmal allem und jedem misstraut. Seine Angriffe gegen Sie sind nicht in irgendeiner Tatsache begründet – Sie sind nur zufällig in die Fänge des *Misstrauensmonsters* geraten, was jedem anderen genauso hätte passieren können.

Machen Sie sich deshalb frei von Grübeleien, ob das *Misstrauensmonster* nicht doch Recht haben könnte. Vergegenwärtigen Sie sich einfach, dass es sich beim *Misstrauensmonster* um einen Gute-Laune-Dieb in Reinkultur handelt. Dementsprechend distanziert sollten Sie es auch behandeln.

Erinnern Sie sich an den Umgang von Klaus mit seinen Kindern. Diese haben sicherlich mitbekommen, dass sie ihm nur schwer etwas recht machen können. Ihnen bleibt daher im Laufe der Jahre nur der Weg, ausreichend Distanz zu seinem chronischen Misstrauen aufzubauen. Sobald die Kinder bei den Argwohnanfällen des Vaters denken können: »Ach, der Alte hat gerade wieder seine wunderlichen fünf Minuten!«, sind sie auf einem guten Weg, denn sie haben gemerkt, dass ihr Vater gar nicht sie persönlich meint, sondern einfach wieder einmal damit beschäftigt ist, seine überkritische Weltsicht zu verbreiten. Da die Kinder sich seine Kritik dann nicht mehr so zu Herzen nehmen müssen, können sie eigene Maßstäbe für gelungenes Handeln entwickeln, stolz auf Erreichtes sein und Schritt für Schritt Selbstbewusstsein aufbauen. Nämlich genau das Selbstbewusstsein, das ihrem Vater fehlt.

Genauso sollten auch Sie vorgehen, wenn Sie auf ein *Misstrauensmonster* treffen. Versuchen Sie nicht, es ihm recht zu machen. Sie würden nur an seinen unrealistischen Vorstellungen scheitern und sich seinem Kontrollzwang ausliefern. Sie sollten also eher Distanz wahren, als die Auseinandersetzung zu suchen. Denn wer dem *Misstrauensmonster* zu nah kommt, wird nicht Streicheleinheiten bekommen, sondern stets Nackenschläge kassieren.

Im Berufsleben ist das *Misstrauensmonster* besonders gefürchtet, bietet aber auch hier einige Ansatzpunkte, die den Umgang mit ihm erträglicher machen können. Da *Misstrauensmonster* meist auch Pedanten sind, nur sehr schlecht delegieren können und sowieso nicht zuhören, wenn man ihnen etwas Konstruktives erzählt, sollte man diese Einsichten für sich nutzen. So hätte die Kollegin von Klaus ein Zusammentreffen mit ihm im Firmenflur durchaus vermeiden können, da er stets minutengenau die gleichen Kreise zieht und die immergleichen Wanderrouten im Büro bevorzugt. Wer also die Chance hat, dem *Misstrauensmonster* in der Firma aus dem Weg zu gehen, sollte dies auf jeden Fall tun.

Wir hätten der Kollegin von Klaus auch gerne die Enttäuschung erspart, dass sie als engagierte Mitarbeiterin in der Firma von ihm sogar noch kritisiert wird. Da man *Misstrauensmonster* aber generell nicht zu nah an sich herankommen lassen sollte, sollte man sie auch am Arbeitsplatz nicht zu Verbündeten in Sachen erfolgreicher Arbeit machen wollen. Auch hier hilft es, sich gar nicht erst auf das *Misstrauensmonster* einzulassen. Fordern Sie in ähnlichen Fällen das *Misstrauensmonster* höflich, aber bestimmt dazu auf, sich gefälligst mit sich selbst zu beschäftigen, beispielsweise so: »Kümmern Sie sich doch bitte um Ihren eigenen Arbeitsbereich.« Und wer besonders keck ist, darf hinzufügen: »Denn ich habe gehört, dass dort wohl einiges im Argen liegt!«

Um dem *Misstrauensmonster* an Ihrem Arbeitsplatz zu zeigen, dass Sie es durchschaut haben, können Sie das bei passender Gelegenheit durchaus auch einmal direkt aussprechen: »Ich weiß, dass Sie mir nicht vertrauen, aber trösten Sie sich, mir geht es nicht anders.« Wenn dann das *Misstrauensmonster* erstaunt nachfragt: »Was, Sie trauen sich selbst nicht?«, können Sie zurückgeben: »Wer kann heute schon irgendjemandem trauen.« Mit strahlenden Augen wird sich das *Misstrauensmonster* zum ersten Mal in seinem Leben verstanden fühlen – aber erwarten Sie nicht, dass es Sie deswegen ins Herz schließen wird!

Begegnet Ihnen das *Misstrauensmonster* als Vorgesetzter, sollten Sie sich seine mangelnde Fähigkeit zur Delegation zunutze machen. Bestätigen Sie sein Vorurteil, dass alle Mitarbeiter für Aufgaben, die über die tägliche Routine hinausgehen, völlig ungeeignet sind. Sorgen Sie dafür, dass möglichst viel an Sonderaufgaben und zusätzlichen Projekten beim Chef hängenbleibt. Machen Sie sich keine Sorgen, dass Sie sich damit unnötig in Bedrängnis bringen und Ihren Arbeitsplatz gefährden könnten. Das Gegenteil wird der Fall sein. Denn wenn Sie ein *Misstrauensmonster* als Vorgesetzten haben, werden Sie für gute Arbeit sowieso keine Anerkennung finden.

Geben Sie sich daher von Zeit zu Zeit einmal vorsätzlich hilflos und überfordert (möglichst allerdings nur unter vier Augen mit Ihrem Chef, damit in Ihrer Firma nicht der Eindruck entsteht, Sie seien tatsächlich unfähig!). Damit bestätigen Sie Ihren Chef in seinem Misstrauen und geben ihm das gute Gefühl, dass ohne ihn schon längst alles zusammengebrochen wäre. Vielleicht verschaffen Sie sich dadurch sogar die eine oder andere zusätzliche Stunde Freizeit, während Ihr Vorgesetzter bis spät in die Nacht in seinem Büro mit den Aufgaben beschäftigt ist, die Sie im Handumdrehen erledigt hätten.

Im Verwandtenkreis ist das *Misstrauensmonster* ebenfalls eine wirkliche Plage. Hier müssen Sie prüfen, welche Auswege Ihre sozialen Netze bieten, um dem *Misstrauensmonster* aus dem Weg zu gehen. Wer sich bei einer Familienfeier neben den Onkel setzt, der schon immer wusste, dass nichts aus einem werden würde, kann seine gute Laune auch gleich an der Garderobe abgeben. Geben Sie sich keinen Illusionen hin: Auch wenn Ihre Eltern der Meinung sind, dass Ihr Onkel endlich erfahren müsse, dass Sie Ihren Weg gemacht haben, wird er weiter wie gewohnt an Ihnen herumkritteln.

Statt den Kummer dann nachträglich im Alkohol zu ertränken, empfehlen wir Ihnen, lieber etwas früher zur Feier zu kommen und heimlich die Platzkarten zu vertauschen. Besser noch wäre es, gleich bei der Planung der Feier Einfluss auf die Sitzordnung zu nehmen und auf möglichst viel Abstand zum *Misstrauensmonster* zu drängen. Oder einfach eine Grippe vorzutäuschen und sich zu Hause mit den Dingen oder Menschen zu vergnügen, die Sie glücklich machen.

Im Bekanntenkreis sollten Sie sich ebenfalls nicht zu sehr auf das *Misstrauensmonster* einlassen. Auch hier können Sie dafür sorgen, dass das *Misstrauensmonster* vorrangig um sich selbst kreist. Überlegen Sie sich für das gesellige Zusammensein in fröhlicher Runde einige Geschichten, mit denen Sie das *Misstrauensmonster* beschäftigen können, während Sie Spaß mit den anderen haben. Bemerken Sie beispielsweise beiläufig im Restaurant: »Der Laden ist doch nur noch deswegen geöffnet, weil das Gesundheitsamt bisher keine handfesten Beweise für mangelnde Hygiene hat.« Und fügen Sie ein kämpferisches »Wir sollten unsere Augen offenhalten, vielleicht kommen wir den Schuften ja auf die Schliche!« an. Sie werden sehen, dass das Misstrauensmonster es in der Regel vorziehen wird, den Abend zu Hause zu verbringen, sodass Sie das harmonische Zusammensein mit Ihren Freunden genießen können.

Als harte Nuss erweist sich das *Misstrauensmonster* besonders in der Partnerschaft. Das Gute ist, dass es von Anfang an eindeutig zu identifizieren ist und aus seiner skeptischen und überkritischen Haltung kein Geheimnis macht. Sie wissen also, worauf Sie sich einlassen. Prüfen Sie genau, ob Sie wirklich ein so dickes Fell haben, dass Ihnen die Vorwürfe des *Misstrauensmonsters* auch auf Dauer nichts anhaben können. Stoische Gelassenheit und ein gefestigtes unerschütterliches Selbstvertrauen sind unabdingbare Voraussetzungen, um die Jahre mit einem *Misstrauensmonster* unbeschadet zu überstehen.

Narren Sie den Besserwisser-Bösewicht

Der *Besserwisser-Bösewicht* will mit dem
Kopf durch die Wand: Passen Sie auf, dass er nicht
Ihren nimmt.

Und weiter geht es mit den hinterlistigen Gute-Laune-Dieben, jetzt mit dem *Besserwisser-Bösewicht*. Dieser Stimmungstöter deckt uns gerne ungefragt mit Weisheiten ein und zwingt uns am liebsten Grundsatzdiskussionen auf. Er inszeniert sich als Alleswisser, Rechthaber und selbst ernannter Experte. Am Meinungsaustausch ist der *Besserwisser-Bösewicht* dabei nicht interessiert. Vorrangig geht es ihm darum, seine Meinung in langatmigen Monologen kundzutun, uns zu verwirren und so in Zweifel zu stürzen.

Ein Profi im Zerreden

Der *Besserwisser-Bösewicht* ist erfahren darin, sich langsam und geschickt an uns heranzuschleichen. Er nimmt sich erst einmal Zeit, heuchelt Verständnis und geht zum Schein auf uns ein. Wie eine Spinne sitzt er leise, still und heimlich in seinem weit gesponnenen Netz und wartet geduldig darauf, dass sich die Meinung eines anderen darin verfängt. Mit Pseudointeresse spinnt er sein Opfer so lange ein, bis es ihm nicht mehr entkommen kann – und verspritzt dann sein Gift.

Je nach Temperament kann der *Besserwisser-Bösewicht* auch aktiver vorgehen. Er mutiert dann zur Springspinne, die sich bewusst ein Opfer ausguckt. Aus sicherer Deckung wird das Opfer erst taxiert und auf seine Abwehrfähigkeiten hin überprüft. Wirkt es hilflos genug, lockt der *Besserwisser-Bösewicht* es mit einer Aufforderung zum Meinungsaustausch in seine Nähe. Wer nicht aufpasst, den notwendigen Abstand nicht wahrt und mit unbedachten Äußerungen Angriffsflächen bietet, wird dann unverhofft gepackt und hat keine Möglichkeit mehr zu entkommen.

Das Gemeine an beiden Vorgehensweisen ist, dass wir stets viel zu spät erkennen, dass wir nicht wie erhofft auf einen einfühlsamen und verständnisvollen Zuhörer gestoßen sind, sondern stattdessen einem *Besserwisser-Bösewicht* auf den Leim gegangen sind, der uns so bald nicht mehr aus seinen Fängen lassen wird.

Erkennen können Sie den *Besserwisser-Bösewicht* daran, dass er zwanghaft seine Meinung zu allem und jedem kundtun muss, und zwar ausführlich, detailliert und umfassend. Er verwendet beim Angriff auf unsere gute Laune gerne Sätze wie: »Ich möchte nur darauf hinweisen, dass …«, »Es ist letztendlich Ihre Entscheidung, aber Sie sollten bedenken …« oder »Du kannst machen, was du willst, aber …«

Mit scheinbar harmlosen Sätzen dieser Art versprüht der *Besserwisser-Bösewicht* sein Gift, bis Sie völlig verwirrt und orientierungslos sind. Er sät Zweifel, wo Klarheit war, er weckt Besorgnis, wo Zuversicht bestand, und er ruft Skepsis hervor, wo Vorfreude herrschte.

Im Unterschied zu denjenigen, die eine ernsthafte Diskussion suchen, wird er es nicht bei einigen Gegenargumenten belassen, sondern Einwand an Einwand reihen, bis Ihre Vorstellungen zur Unkenntlichkeit zerredet sind. Dabei scheut der *Besserwisser-Bösewicht* auch nicht vor Totschlagargumenten zurück, die er gerne massiv und überaus genussvoll einsetzt. Mit seinem destruktiven Arsenal der Zerredungs-kunst ist der *Besserwisser-Bösewicht* deshalb in der Lage, jedes von Ihnen geäußerte Argument zu einem Thema aus-einanderzunehmen. Dabei spielt er das Unschuldslamm und versteckt sich scheinbar emotionslos hinter vermeintlich ein-deutigen Fakten, Zahlen und Analysen.

Da der *Besserwisser-Bösewicht* seine negative Weltsicht nicht so eindeutig vor sich herträgt wie ein *Jammer-Junkie* oder ein *Misstrauensmonster*, ist er schwerer zu erkennen. Er geht etwas verschlagener vor, denn er wird immer wieder behaupten, dass er nur Ihr Bestes will, aber genau entgegen-gesetzt handeln. Zumindest dann, wenn Sie gute Gefühle und gute Laune als das Beste in Ihrem Leben betrachten. Beides will er Ihnen nämlich gründlich austreiben. Rechnen Sie damit, auf diesen Gute-Laune-Dieb ungewollt in allen Lebenslagen zu treffen, und seien Sie auf der Hut!

Im Bekanntenkreis übernimmt der *Besserwisser-Böse-wicht* beispielsweise gerne die Rolle des wohlmeinenden Ratgebers. Treten Sie auf ihn zu und eröffnen ihm freude-strahlend, dass Sie sich entschieden haben, ein Mountain-bike zu kaufen, um wieder etwas Sport zu treiben und mehr an der frischen Luft zu sein, wird er Sie zu Ihrem Entschluss, Sport zu treiben, beglückwünschen. Dann folgt jedoch gleich die Einschränkung: »Warum muss es denn ein so teures Fahrrad sein?« Ihr Argument, dass ein Mountainbike gut gefedert ist, mit guten Bremsen ausgestattet ist und über eine präzise Gangschaltung verfügt, wird er nicht gelten lassen. Eine typische Reaktion wäre: »Na ja, Citybikes sind doch auch gut gefedert, und sie haben wenigstens eine vernünftige Lichtanlage und einen brauchbaren Gepäckträger. Außerdem sind hier doch gar keine Berge.«

Mit Ihren Geschmacksargumenten wie »Ein Mountainbike gefällt mir einfach besser, weil es sportlicher aussieht«, brauchen Sie dem *Besserwisser-Bösewicht* gar nicht erst zu kommen. Denn dann erwartet Sie ein langer und ausführlicher Monolog über die vordergründige Lifestyleorientierung der Gesellschaft, die leichte Verführbarkeit des Individuums durch Werbung und die ungerechtfertigte Überteuerung von Markenprodukten. Ist Ihnen nach dem Gespräch mit dem *Besserwisser-Bösewicht* die Lust am Mountainbikekauf gründlich vergangen, wird er zum finalen Schlag ausholen und Ihnen zum Schluss noch mit auf den Weg geben: »Natürlich musst du machen, was du für richtig hältst. Aber ich muss dir noch sagen, dass ich es bedenklich finde, wenn die Allgemeinheit über die gesetzliche Krankenversicherung Unfälle im Freizeitbereich auffangen muss. Allerdings drücke ich dir die Daumen und hoffe mal, dass dir nichts Schlimmes passiert.« Zurück bleiben Sie dann mit schlechten Gefühlen und Zweifeln darüber, ob Ihre Entscheidung nicht vielleicht doch falsch war, obwohl Sie eigentlich auf Anerkennung und Zuspruch für Ihre geplanten sportlichen Aktivitäten gehofft hatten.

Und so ist es bei eigentlich jedem Treffen mit einem *Besserwisser-Bösewicht*: Er hindert uns daran, zu unserer Meinung zu stehen und eigene Entscheidungen zu treffen. Wer sich zu lange in den Fängen eines *Besserwisser-Bösewichts* befindet, wird merken, dass er seinen Antrieb verliert und nicht mehr die Kraft aufbringt, Handlungen in Angriff zu nehmen. Warum der *Besserwisser-Bösewicht* es häufig schafft, uns zu blockieren und in Selbstzweifel zu stürzen, werden wir nun näher unter die Lupe nehmen.

Mit der Gegenposition durchs Leben

Da der Mensch ein soziales Wesen ist, ist er auch bestrebt, sich Rat, Tipps und Anregungen von anderen zu holen. Jeder hat schon einmal eine falsche Entscheidung getroffen, es sich mit einer Aufgabe schwerer als nötig gemacht oder ohne zündende Idee vor einem Problem gestanden. In diesen Situationen wünscht man sich dann einen guten Ratgeber, der einem auf die Sprünge hilft. Aber auch nach bereits getroffenen Entscheidungen ist es vielen wichtig, sich in einem Gespräch abzusichern und sich bestätigen zu lassen, dass man bei seiner Meinungsbildung nichts Wesentliches übersehen und sich für die richtige Alternative entschieden hat.

Und nicht zuletzt suchen viele Menschen auch den Austausch mit anderen, um Anerkennung, Bestätigung und Wertschätzung zu erfahren. Es geht ihnen also nicht vorrangig darum, ihre Entscheidungen bis ins letzte Detail zu hinterfragen. Sie möchten sich vielmehr mitteilen und hoffen auf zusätzliche Motivation von außen. Es ist ihnen wichtig, darin bestärkt zu werden, dass sie auf dem richtigen Weg sind. Und auch für ein kleines Lob für ihre Absichten wären sie sicherlich empfänglich.

Diese menschlichen Bedürfnisse nach Rat, Anleitung und Bestätigung macht sich der *Besserwisser-Bösewicht* zunutze. Er tarnt sich als vermeintlich verständnisvoller Zuhörer und Berater, verfolgt dabei aber ganz eigene Ziele. Es geht ihm nämlich nicht um eine ernsthafte Auseinandersetzung oder eine Unterstützung seiner Gesprächspartner. Im Gegenteil: Der *Besserwisser-Bösewicht* ist nicht an Lösungen interessiert, sondern an Konfusion. Ihm geht es nicht darum, Handlungen voranzutreiben, sondern einen Stillstand zu erreichen. Als vorrangiges Ziel hat er sich das Ausbremsen seines Gegenübers gesetzt.

Der *Besserwisser-Bösewicht* nimmt die Gegenposition in Diskussionen und Gesprächen nicht ein, um etwas zu hinterfragen, sondern nur, um einfach dagegen zu sein. So schafft er es immer wieder, unsere Absichten zu durchkreuzen, Fortschritte zu blockieren und uns Erfolgserlebnisse madig zu machen. Er zieht seinen Lustgewinn daraus, dass andere auf der Stelle treten und nicht vorwärtskommen. Sich selbst hat er eine persönliche Weiterentwicklung schon vor langer Zeit verboten. Damit wird auch seine Motivation klar: Er möchte vermeiden, dass Sie vorankommen, weil er selbst nur noch auf der Stelle tritt.

Der *Besserwisser-Bösewicht* hat uns gegenüber einen Vorteil: Da er es ablehnt, seinen vermeintlichen Erfahrungsschatz überhaupt in der Realität zu überprüfen, ist er ein Meister im emotionslosen Argumentieren. Er wirkt also nicht deswegen sachlich, weil er betont nüchtern und analytisch an die Dinge herangeht, sondern deswegen, weil er sich ungern in die Niederungen des wahren Lebens begibt.

Man könnte ihm zugute halten, dass er sich vor langer Zeit aufgrund von schmerzvollen Erfahrungen entschieden hat, Gefühle nicht mehr an sich heran zu lassen. Leider hat er dabei den Fehler gemacht, nicht nur leidvolle Gefühle, sondern auch gute Gefühle aus seiner Welt zu verbannen. Und daran leiden wir heute, wenn er uns mit seiner Besserwisserei zur Weißglut treibt. Er wird nämlich immer bestrebt sein, auch uns die guten Gefühle zu nehmen. Entweder gleich im Gespräch, spätestens aber dann, wenn er uns mit seiner Politik der Konfusion daran hindert, etwas Neues auszuprobieren und dabei womöglich auch noch lustvolle Erfahrungen zu sammeln.

Hier bekommen wir auch einen Hinweis darauf, warum uns der *Besserwisser-Bösewicht* mit seinen Warnungen, Einschränkungen und Bedenken so hart trifft. Er schafft es immer wieder, dass wir uns in seiner Gegenwart klein und dumm fühlen. Und zwar genauso klein und dumm, wie wir uns fühlten, als wir als Kind Erwachsenen gegenüberstanden und von ihnen kritisiert, abgekanzelt und in Grund und Boden geredet wurden. Auch als mittlerweile Erwachsene verlieren wir schlagartig unser Selbstvertrauen und lassen uns verunsichern, weil der *Besserwisser-Bösewicht* es schafft, uns gegenüber die Rolle eines allwissenden Vaters oder einer überbehütenden Mutter einzunehmen.

Unterwegs mit dem Bedenkenträger

Erleben Sie nun, wie der *Besserwisser-Bösewicht* seine abgefeimten und hinterlistigen Strategien des Gute-Laune-Diebstahls in die Tat umsetzt. Er kostet sein Talent, alles zu zerreden, voll aus und treibt uns damit in die Verzweiflung.

Beispiel: Zu klug für diese Welt

Sebastian wird von einem besonders geschickten *Besserwisser-Bösewicht* geritten, der seine Neigung zu ungefragten Kommentaren aktiv auslebt. Er hält sich daher für einen recht cleveren Zeitgenossen, der immer bereit ist, anderen dabei zu helfen, den Dingen auf den Grund zu gehen.

Im Büro ist Sebastian häufig am Kopierer oder am Kaffeeautomaten anzutreffen, weil er weiß, dass seine Kolleginnen und Kollegen an diesen strategisch wichtigen Positionen vorbeikommen müssen. Freundlich lächelnd verwickelt er andere ins Gespräch, um eine geeignete Gelegenheit zum Zuschlagen zu erwischen.

Heute gerät ihm eine Kollegin aus der benachbarten Abteilung in die Fänge. Arglos berichtet sie ihm stolz von ihrer Berufung in die Projektgruppe Kundenzufriedenheit. Diese Steilvorlage lässt sich Sebastian nicht entgehen. Ohne weiter nachzufragen, steigt er sogleich in die seiner Meinung nach bedenkenswerten Aspekte einer Berufung in Projektgruppen ein: »Das klingt ja erst mal ganz gut, aber hast du dir denn auch überlegt, dass dann deine eigentliche Arbeit liegen bleibt? Du kennst doch deinen Abteilungsleiter, ich glaube nicht, dass er Verständnis dafür hätte, dass du dich mit anderen Aufgaben beschäftigst. Diese Projektgruppen sind doch außerdem Sandkastenspiele, die zu nichts führen. Aus einer Studie weiß ich, dass zeitlich befristete Projektgruppen nichts bringen, die Energie sollte man lieber sinnvoll in eine Unternehmensrestrukturierung investieren. Da werden wenigstens gleich Nägel mit Köpfen gemacht. Jeder erfolgreiche Coach wird dir auch sagen, dass es ein Fehler sein kann, bestehende Netzwerke zu vernachlässigen. Aber darüber hast du dir bestimmt schon selbst gründlich Gedanken gemacht, oder?«

Etwas eingeschüchtert versucht sich die Kollegin mit einem Hinweis auf Karriereoptionen und den Spaß an neuen Aufgaben zu rechtfertigen. Damit gerät sie jedoch nur noch tiefer in die Falle des *Besserwisser-Bösewicht*s. Denn Sebastian kontert geschickt: »Wie kannst du nur so naiv sein? Dass ich nicht lache, wer hat dir denn den Bären aufgebunden, haben die dich so in die Projektgruppe gelockt? Ich habe Berichte gelesen, in denen das genaue Gegenteil beschrieben wurde. Rein in die Projektgruppe, raus aus dem beruflichen Aufstieg. Aufsteigen tust du doch in der Linie und nicht durch Randaktivitäten. Ich würde auch nicht zu sehr auf Spaß setzen, Arbeit ist Arbeit, und da muss man nun mal durch, geht uns doch allen so.«

Schon sichtlich verunsichert versucht die Kollegin, aus der unfruchtbaren Diskussion zu entrinnen, zaghaft weist sie darauf hin, dass man es doch wenigstens erst einmal probieren könne. So leicht kommt sie Sebastian aber nicht davon. Er gibt ihr noch abschließend mit auf den Weg: »Wenn du meinst, dass das wichtig für dich ist, musst du es halt machen. Aber du wirst sehen: Wenn es gut läuft, wird der Projektleiter den Erfolg für sich reklamieren, und wenn es nicht so klappt, bist du halt als Sündenbock dran. Schönen Tag noch!«

Den schönen Tag hat er seiner Kollegin gründlich verleidet. Er selbst hat mit den aus seiner Sicht gut gemeinten Ratschlägen aber deutlich Oberwasser gewonnen und beschließt bestens gelaunt, nach der Arbeit noch etwas in einer nahegelegenen Bar zu trinken. Dort setzt er sich auf den letzten freien Platz am Tresen und schaut nach *Besserwisser-Bösewicht*-Art erst einmal, ob sich nicht ein Opfer für den Gute-Laune-Diebstahl in seiner Nähe befinden könnte.

Schnell identifiziert er den neben ihm sitzenden Gast als potenziellen Kandidaten und bringt sich mit einem »Schmeckt's?« ins Gespräch. Die Antwort wartet er gar nicht ab. Streng blickt er auf die vor dem Gast stehende Cappuccinotasse und bemerkt: »Es ist ja gar nicht so einfach, in Deutschland einen guten Cappuccino zu bekommen. Haben Sie bemerkt, dass die hier mit zweitklassigen Espressomaschinen arbeiten? – da wird doch das Wasser gar nicht richtig heiß. In der Zeitung habe ich gelesen, dass dann sogar die Gefahr von Legionellen besteht, man kann ja nur hoffen, dass die hier genug Umsatz haben und die Maschine ständig läuft.«

Sebastian erntet einen fassungslosen Blick von seinem Sitznachbarn und fasst dies als Ermunterung auf. Er macht sogleich weiter: »Ich wollte Sie nicht beunruhigen, es ist nur so, dass bei der Cappuccinozubereitung tatsächlich so einiges beachtet werden muss, um ein optimales Ergebnis zu erzielen. Wie ich sehe, hat es zumindest mit dem Milchschaum nicht richtig geklappt, und dass die hier den Zucker in Papiertüten beilegen, würde jedem Profi aus Italien die Zornesröte ins Gesicht treiben.« Ein ähnlicher Effekt stellt sich langsam auch beim Gesprächsopfer von Sebastian ein, wortlos legt der Gast ein paar Münzen auf den Tresen, lässt den Cappuccino ungetrunken stehen und geht.

Unser *Besserwisser-Bösewicht* ist stolz auf sich: Er hat es wieder einmal geschafft, durch seine wichtige Aufklärungsarbeit eine arme Seele vor Schaden zu bewahren, und entschließt sich, mit einem Mineralwasser auf diesen erfolgreichen Tag anzustoßen.

 ## Wirksame Gegenzauber zur Abwehr des Besserwisser-Bösewichts

Wenn Sie Ihre gute Laune behalten möchten, sollten Sie einen anderen Umgang mit dem *Besserwisser-Bösewicht* einüben als Sebastians Kollegin oder sein Nachbar in der Bar. Ganz wichtig ist dabei, zu unterscheiden, wer Ihnen gegenüber nur eine bestimmte Meinung kundtut und wer Sie nach Art des *Besserwisser-Bösewicht*s in Zweifel und Verwirrung stürzen will.

Sie sollten nicht präventiv »dicht« machen und die Ansichten anderer grundsätzlich von sich weisen. Dies wäre
zwar der einfachste Weg, um den Umgang mit *Besserwisser-
Bösewicht*en zu vermeiden. Aber dann würden Sie sich von
vornherein auch jeder konstruktiven Auseinandersetzung
mit anderen entziehen, was sicherlich nicht in Ihrem Sinne
wäre. Das Gemeine am *Besserwisser-Bösewicht* ist ja, dass
er sich zunächst vermeintlich interessiert gibt, um dann
letztendlich doch den Schlechte-Laune-Turbo zu zünden. Sie
werden es also nur schwer verhindern können, ab und zu
mit einem *Besserwisser-Bösewicht* die Klingen kreuzen zu
müssen.

Scheuen Sie nicht davor zurück, beim Zusammentreffen
mit einem *Besserwisser-Bösewicht* die sonst üblichen Regeln
des höflichen Umgangs miteinander zumindest teilweise zu
vergessen. Damit meinen wir, dass Sie ihn auf keinen Fall
ausreden lassen dürfen, denn ein *Besserwisser-Bösewicht*
hört niemals von allein auf zu reden, bevor er Sie nicht in
Verwirrung gestürzt hat. Ergreifen Sie bei besserwisserischen
Attacken die Initiative, gehen Sie beherzt dazwischen, denn
in der Auseinandersetzung mit neunmalklugen Wichtigtuern
hilft ein Spruch weiter als eine ernsthafte Diskussion.

Belästigt Sie ein *Besserwisser-Bösewicht* bei der Arbeit
mit der Anmerkung »Wenn man den Ausführungen von Ex-
perten folgt, werden wir auf diesem Weg keinen Erfolg haben, außerdem glaube ich nicht, dass wir überhaupt die Ka-
pazitäten für eine Neuausrichtung haben«, sollten Sie ihn
schnellstmöglich unterbrechen, beispielsweise mit »Rom

wurde auch nicht an einem Tag erbaut« oder »Schritt für Schritt, da hält auch jeder mit«. Es kommt in diesem Fall gar nicht so sehr darauf an, was Sie sagen, sondern darauf, dass Sie dem *Besserwisser-Bösewicht* mit einem kurz und knapp eingeworfenen Spruch Grenzen aufzeigen und so verhindern, dass er seine Wirkung als Gute-Laune-Dieb entfalten kann.

Es lohnt sich, für den Umgang mit dem *Besserwisser-Bösewicht* einen kleinen Vorrat an Sprüchen parat zu haben. Entweder Sie spulen ein paar bewährte Klassiker ab, wie: »Lieber den Spatz in der Hand als die Taube auf dem Dach!« oder »Der Mensch ist nicht auf der Welt, um glücklich zu sein, sondern um seine Pflicht zu tun!« Oder Sie werden kreativ und wandeln bewährte Spruchweisheiten in Ihrem Sinne ab. So hätten wir der Kollegin von Sebastian folgenden Konter empfohlen: »Hinter jedem gelungenen Projekt steht auch eine starke Frau.« Ebenso gut hätte sie auch eine eigene Replik erfinden und einsetzen können, beispielsweise: »Manche spielen nun einmal gern im Sandkasten.«

Je abstrakter und universeller Ihre Reaktion ist, desto besser. Denn mit dem Verzicht auf persönliche Überzeugungen bieten Sie dem *Besserwisser-Bösewicht* keine Angriffsfläche mehr. So läuft seine Attacke ins Leere, da er für seine Rechthaberei keinen Ansatzpunkt mehr findet. Auf diese Weise bauen Sie Distanz zum *Besserwisser-Bösewicht* auf und lassen sich nicht mehr vereinnahmen.

Eine weitere bewährte Taktik im Umgang mit *Besserwisser-Bösewicht*en ist eine Kurzzusammenfassung seiner destruktiven Monologe. Kommunikationsexperten sprechen bei dieser Vorgehensweise vom »Spiegeln«. Auch hier gilt wieder: Gehen Sie nicht direkt auf die Ausführungen des Gute-Laune-Diebes ein, sondern halten Sie ihm lieber den Spiegel vors Gesicht. Vielleicht schaffen Sie es ja, ihm einen gehörigen Schrecken einzujagen.

Im ausgeführten Beispiel könnte die Kollegin also die abstrusen Fantasien und Wahnvorstellungen des *Besserwisser-Bösewichts* auf den Punkt bringen mit: »Aus Ihrer Sicht ist also alles vergeblich, und wir sollten lieber nichts tun und das Feld kampflos der Konkurrenz überlassen?« Damit zeigt sie dem *Besserwisser-Bösewicht*, dass sie seine Strategie der Handlungsvermeidung durchschaut hat. Sie konfrontiert ihn mit seiner »Es hat doch alles keinen Sinn«-Attitüde, um ihn zum Widerspruch zu veranlassen. Schließlich ist es ein Wesensmerkmal des *Besserwisser-Bösewichts*, dass er grundsätzlich die Gegenposition einnimmt. Und die Gegenposition zur allgemeinen Sinnlosigkeit wäre eine konkrete Handlung.

Seien Sie aber nicht enttäuscht, wenn der *Besserwisser-Bösewicht* sich nicht gleich aufs Glatteis führen lässt. Es kann durchaus passieren, dass er Ihnen nicht in einem pawlowschen Reflex eigenes Engagement anbietet, sondern einfach schweigt, da Sie ihn gründlich verwirrt haben. Aber das wäre ja nicht die schlechteste aller Möglichkeiten, oder?

Eine weitere Option, den *Besserwisser-Bösewicht* ruhig zu stellen, ist, sein destruktives Potenzial anzuerkennen und ihm ein Betätigungsfeld zu eröffnen. Verhindern Sie, dass der *Besserwisser-Bösewicht* sein zerstörerisches Spiel wahllos einsetzt, denn dann bekommen Sie seine Stillstandsabsichten nur sehr schwer in den Griff. Kanalisieren Sie lieber seine Zerredungskunst, indem Sie ihn mit Aufgaben betreuen, in denen er seine Rechthaberei ausleben kann, nämlich allein, ohne andere zu stören und unter Ihrer Aufsicht.

Beliebte Spielwiesen für *Besserwisser-Bösewichte* sind umfassende Stellungnahmen zu ausgewählten Themen, kritische Würdigungen geplanter Vorgehensweisen und detaillierte Analysen zur momentanen Situation. Fordern Sie den *Besserwisser-Bösewicht* im Beruf mit Sorgenfalten im Gesicht und gespielter Verzweiflung dazu auf, Ihnen mit seiner professionellen Sicht zur Seite zu stehen. Sprechen Sie ihn doch einmal so an: »Ich merke, Sie haben sich schon viele Gedanken zu dem Thema gemacht. Daher glaube ich, dass es unverzichtbar ist, wenn Sie Ihre Meinung einmal detailliert für uns alle in schriftlicher Form festhalten.« Geeignet wäre auch: »Mir machen einige Entwicklungen im Unternehmen Sorgen, daher möchte ich Sie bitten, einmal eine kritische Würdigung der bestehenden Prozesse durchzuführen und mir Ihre Analyse dann zu präsentieren.« Auf diese Weise können Sie den *Besserwisser-Bösewicht* in die Pflicht nehmen.

Wenn er dann seine Ergebnisse abliefert, rufen Sie vermeintlich überrascht aus: »Warum haben Sie das nicht schon früher mitgeteilt? Ich hoffe, dass wir Ihre Mitschuld an den negativen Entwicklungen noch unter den Teppich kehren können.« Oder Sie beschäftigen ihn weiter, indem Sie ihn dazu auffordern: »Führen Sie doch einige Punkte noch etwas detaillierter aus, und überführen Sie Ihre Ergebnisse dann in eine Entscheidungsvorlage, die ich als prüfungswürdig ansehen kann.«

Ähnlich können Sie auch mit einem *Besserwisser-Bösewicht* im privaten Umfeld umgehen. Pinseln Sie ihm den Bauch, indem Sie sein ausgeprägtes Kritikvermögen preisen. Bitten Sie ihn dann, doch gezielter als bisher Aufklärungsarbeit zu leisten. Weisen Sie ihn auf die faszinierenden Möglichkeiten des Internets hin. Sie können ihm Internetforen für seine Lieblingsthemen empfehlen, Chatrooms ans Herz legen, in denen er sich ungehemmt ausbreiten kann, und ihn auch mit den Möglichkeiten des Web 2.0 vertraut machen, die es ihm erlauben, sich zu allem und jedem zu äußern. Heben Sie hervor, dass er mit dieser Herangehensweise eine viel größere Reichweite erzielt, als wenn er seine Energie in Einzelgesprächen verpuffen lässt.

Wenn Sie es schaffen, den *Besserwisser-Bösewicht* stärker als bisher auf Distanz zu halten und ihn rechtzeitig auszubremsen, wird er es erheblich schwerer damit haben, Ihnen die gute Laune zu rauben. Vielleicht machen Sie ihn ja sogar ein kleines Stück glücklicher, indem Sie ihm neue bunte Spielwiesen zeigen. Auf jeden Fall wird er nicht mehr kreuz und quer auf Ihren blühenden Wiesen des Glücks herumtrampeln.

Besänftigen Sie das Ungeduldsungetüm

**Das *Ungeduldsungetüm* hat den Hektik-Virus:
Vorsicht, akute Ansteckungsgefahr!**

Liegen Hektik, Nervosität und Anspannung in der Luft, ist das *Ungeduldsungetüm* meist nicht weit. Es fühlt sich wohl, wenn Unruhe um sich greift und blinder Aktionismus sich breit macht. Mit seinem ständigen Druck verhindert es, dass wir eigene Gedanken fassen und eigene Bedürfnisse artikulieren können. Denn das *Ungeduldsungetüm* ist bestrebt, alles zu verhindern, was wir mit Hingabe machen. So sorgt es dafür, dass wir unsere wesentlichen Ziele aus den Augen verlieren. Es treibt uns vor sich her und verhindert schon im Ansatz, dass so etwas wie Zufriedenheit, Spaß oder gar Glücksgefühle überhaupt entstehen.

Schneller, schneller, nur wohin?

Das *Ungeduldsungetüm* hat es leicht damit, uns die gute Laune zu rauben. Es braucht nicht viele Worte, um seine böse Wirkung zu entfalten. Manchmal beginnt es das böse Spiel nur mit einem kurzen Raunzer oder einem kritischen Blick. Auch der knappe Hinweis eines *Ungeduldsungetüms*, dass schon viel zu viel liegen geblieben ist und es jetzt endlich losgehen müsse, kann uns den ganzen Tag lang unter Druck setzen.

Das *Ungeduldsungetüm* deckt uns mit Aufgabe über Aufgabe ein, dabei ist ihm ziemlich egal, ob es wirklich sinnvoll ist, alles und jedes sofort in Angriff zu nehmen. Im Gegenteil: Es baut geradezu darauf, dass wir uns an mehreren Fronten zerreiben. Panisch versuchen wir, alles gleichzeitig zu bearbeiten, bekommen dann aber erst recht nichts mehr hin. Mit dieser fiesen Strategie hat uns das *Ungeduldsungetüm* in der Hand.

Es wird bei den vielen Aufgaben, mit denen es uns eingedeckt hat, immer einige finden, die noch nicht abgeschlossen sind. Damit hat es ein wichtiges Einfallstor für sein niederträchtiges Wirken: Erledigte Angelegenheiten wird es nämlich keinesfalls würdigen und uns schon gar nicht die Zeit einräumen, die wir bräuchten, um unsere Batterien wieder etwas aufzuladen. Stattdessen wird es uns die noch nicht fertiggestellten Arbeiten unter die Nase reiben und uns auffordern, diese doch endlich in Angriff zu nehmen. Dabei stört sich das *Ungeduldsungetüm* nicht daran, dass wir die zunächst als wichtig definierten Aufgaben schon hinter uns gebracht haben – schließlich behält es sich vor, jederzeit neu zu bestimmen, was wichtig ist und was nicht.

Erfahren ist das *Ungeduldsungetüm* ebenfalls darin, auf Nebenkriegsschauplätze auszuweichen. Insbesondere dann, wenn es erkennt, dass sich in unserer Tätigkeit Erfolge abzeichnen oder wir womöglich kurz vor dem entscheidenden Durchbruch stehen. Es argumentiert auch bei weniger wichtigen Arbeiten mit vermeintlichen Sachzwängen, denen wir angeblich nicht ausweichen können. Durch den hohen Druck, den das *Ungeduldsungetüm* dabei ausübt, kann es uns dann sogar passieren, dass wir unser eigenes Bewertungssystem für Dringlichkeit ausschalten und unfreiwillig die willkürlichen Maßstäbe dieses Gute-Laune-Diebes übernehmen.

Wer kennt nicht das Gefühl, während der Arbeit von *Ungeduldsungetümen* umzingelt zu sein, die Chef, Kollege, Kunde, Interessent oder Lieferant heißen können? Von vielen Seiten unter Druck gesetzt, fühlen wir uns gestresst. Und im Stress leidet der Blick für das Wesentliche nun einmal ganz gewaltig. Schnell sind falsche Prioritäten gesetzt, unzutreffende Maßstäbe angelegt und letztendlich falsche Entscheidungen getroffen worden. Dann ärgern wir uns über uns selbst, machen uns Vorwürfe und zweifeln an unseren Fähigkeiten. Und das *Ungeduldsungetüm* reibt sich vergnügt die Hände.

Einen weiteren Ansatzpunkt für den Gute-Laune-Diebstahl findet das *Ungeduldsungetüm* in der Verplanung unseres Alltags. Im Beruf sorgt es dafür, dass wir Termin an Termin, Treffen an Treffen und Meeting an Meeting reihen und tröstet uns mit dem Versprechen, dass wir uns später am Abend oder am Wochenende immer noch erholen könnten. Dies bleibt jedoch oft ein Trugschluss. Nämlich dann, wenn uns *Ungeduldsungetüme* nicht nur in der Firma, sondern auch im Privatleben umgeben.

Vom *Ungeduldsungetüm* besessene Partner möchten uns ebenfalls gerne vermitteln, dass unser Wohl und Wehe davon abhängt, alles Mögliche sofort und gleichzeitig zu tun. Bevor wir nach der Arbeit einmal durchatmen können, wird vor uns schon die Liste der unerledigten Aufgaben ausgebreitet: »Hast du schon bei Hubers angerufen? Die warten nämlich auf deinen Rückruf! Liegen die Urlaubsfotos immer noch im Karton? Die wolltest du doch schon längst einsortieren und beschriften! Welche Pullover ziehst du eigentlich noch an? Du musst einmal deine Sachen im Kleiderschrank durchsehen! Ist das Auto gewaschen? Wir wollen doch morgen zu deinen Eltern! Meine Eltern warten übrigens auch schon seit Wochen darauf, dass wir uns wieder einmal blicken lassen!«

Doch nicht nur unsere Partner, auch Nachbarn oder Bekannte können uns stark zusetzen, wenn sie das *Ungeduldsungetüm* reitet. Da wird dann der missbilligende Blick über die Hecke gerne mit Vorwürfen garniert: »Na, der Rasen ist wohl auch mal wieder dran! Außerdem müssen Sie noch daran denken, die Bäume zu beschneiden! Ihren Rosen könnte etwas Dünger auch nicht schaden! Gegen das Moos auf Ihrem Dach müssen Sie schleunigst etwas tun! Und Sie wissen doch, dass wir uns alle am Donnerstag zur ausführlichen Planung des Nachbarschaftsfestes treffen wollen, oder?«

Waren wir eben noch ganz entspannt, flattern jetzt auf einmal unsere Nerven. Selbst mit größter Anstrengung gelingt es uns nicht mehr, die bis eben noch gelassene Stimmung des Feierabends zu konservieren. Uns fallen auf einmal noch weitere Dinge ein, die längst hätten erledigt werden müssen. Unser Gute-Laune-Pegel sinkt schlagartig, und damit hat das *Ungeduldsungetüm* sein Ziel erreicht, uns auch die Freizeit zu vermiesen.

Doch warum lassen wir uns vom *Ungeduldsungetüm* so leicht in den Strudel des Aktionismus hineinziehen? Schließlich wissen wir doch, dass wir uns selbst schaden, wenn wir uns unnötigem Stress aussetzen. Es muss also einen Mechanismus geben, den das *Ungeduldsungetüm* nutzt, um uns in seinen Bann zu ziehen. Und diesen werden wir nun näher unter die Lupe nehmen.

Auf der Flucht vor sich selbst

Nachdem wir gesehen haben, dass es äußerst unproduktiv sein kann, am Arbeitsplatz oder im Privatleben permanent in Aktionismus zu verfallen, stellt sich die Frage, warum das *Ungeduldsungetüm* seine gesamte Energie darauf verschwendet, rast- und ruhelos durchs Leben zu rasen.

Den Effekt, der uns bei der ganzen Hektik am meisten stört, macht sich das *Ungeduldsungetüm* zunutze: nämlich die Ablenkung vom Wesentlichen. Und was könnte wesentlicher sein, als eigenen Wünschen nachzuspüren, eigene Interessen herauszufinden oder eigene Ziele festzulegen? Das *Ungeduldsungetüm* braucht also die Unruhe, Spannung und Hektik, die es um sich herum aufbaut, um einer gründlichen Auseinandersetzung mit sich selbst aus dem Weg zu gehen. Es betäubt sich geradezu mit dem selbst erzeugten Druck, um nicht zu merken, dass es an seinen eigenen Bedürfnissen vorbei lebt.

Das *Ungeduldsungetüm* presst sein eigenes Gefühlsleben in ein Korsett von Sachzwängen, es ordnet sich Pflichten unter und beruft sich gerne auf höhere Autoritäten. Der Beantwortung der Frage, ob die Sachzwänge tatsächlich bestehen, für wen die Pflichten eigentlich gelten und wer die höheren

Autoritäten sind, weicht das *Ungeduldsungetüm* dabei aus. Es ist ein Meister der Verdrängung der Sinnfrage, aber leider auch ein Meister der Bedrängung anderer.

Heimtückisch treibt es uns ständig an, weist dabei aber weder einen Weg, der zum Ziel führt, noch benennt es überhaupt ein Ziel. Es fordert permanent Aktivität von uns, ohne zu erläutern, was es damit bezweckt. Schließlich tappen wir nur noch im Nebel herum und stolpern über die Steine, die wir uns durch Überforderung selbst in den Weg gelegt haben. An eine klare Sicht der Dinge ist dann nicht mehr zu denken.

Andere Wege, sinnvolle Abkürzungen und gangbare Alternativen kommen uns gar nicht mehr in den Sinn. Wir fühlen uns wie eine Marionette, die an den Fäden des *Ungeduldsungetüms* hängt und außer nervösem Zappeln nichts mehr zustande bringt. Was wir ursprünglich einmal beabsichtigt haben und mit unserem unermüdlichen Einsatz erreichen wollten, wissen wir schon längst nicht mehr. Gelegenheiten zum Durchatmen gibt es nicht, wir sind in der Tretmühle des *Ungeduldsungetüms* gefangen und haben jegliche Orientierung verloren.

Dass das *Ungeduldsungetüm* sich selbst in Zwänge hineintreibt, um sich nicht mit sich auseinandersetzen zu müssen, mag aus seinen Beweggründen heraus ja noch verständlich sein. Aber warum lassen wir uns auf das unproduktive Spiel ein?

Oft merken wir gar nicht, dass wir Schritt für Schritt die vorgegebenen Spielregeln des *Ungeduldsungetüms* über-

nehmen. Manchmal ist bei der Aufgabenerledigung nämlich tatsächlich Eile geboten, zum Beispiel, wenn es darum
geht, schnell auf die Reklamation eines wichtigen Kunden
zu reagieren, dem Kollegen eine E-Mail mit notwendigen
Informationen für seine Arbeit zu schicken, und auch Anfragen von Vorgesetzten sollten lieber zeitnah behandelt
werden, wenn man seine Position im Berufsleben nicht
schwächen will.

Auch im Privatleben wissen wir alle, dass man mit Auf-
schieberitis nicht wirklich weiterkommt. Wenn sich Besuch
angekündigt hat, wird man sich dem Wunsch des Partners
sicher nicht verweigern, doch noch schnell die Wohnung in
Ordnung bringen, um keinen schlechten Eindruck zu hinter-
lassen. Bestimmte Reparaturarbeiten müssen schon deswegen schnell erledigt werden, damit man keine Folgeschäden
riskiert. Und auch Freunde, die uns um einen Gefallen bitten, lassen wir ungern hängen, auch wenn wir selbst genug
zu tun haben.

Es gibt also durchaus gute Gründe dafür, sich gelegentlich
zu beeilen, und auch im Berufsleben wird es immer wieder
Phasen geben, wo es höher her geht als üblich. Verfestigt
sich aber die Eile, sodass daraus Hektik wird, sind wir in die
Klauen des *Ungeduldsungetüms* geraten. Leider ist der Über-
gang von gelegentlicher Eile zu andauernder Hektik schleichend. Manchmal merken wir erst, dass wir mitten im hek-
tischen Stress stecken, wenn es zu spät ist.

Ein weiterer Grund dafür, dass wir so empfänglich für
die Attacken des *Ungeduldsungetüms* sind, liegt darin,

dass wir in einer Kultur der Anstrengung leben. Viele Menschen sind der festen Überzeugung, dass sich ihr Wert danach bemisst, wie vielen Beschäftigungen sie möglichst intensiv nachgehen. Nach dem Motto »Je aktiver, desto angesehener!« wird dann jede freie Minute verplant. Im Beruf gelten oft diejenigen als besonders engagiert, die sich ständig leicht gehetzt an der Grenze zur Überforderung befinden. Und auch in der Freizeit gilt es nicht als schick, sich einfach der Muße hinzugeben. Nicht ausgefüllte Zeitfenster gelten als suspekt, schließlich muss man doch in die Welt der Möglichkeiten mit vollen Händen hineingreifen.

Wenn wir nun ohnehin schon der Meinung zuneigen, dass unser Ansehen sich danach bemisst, wie aktiv wir sind, sind wir ein leichtes Opfer für das *Ungeduldsungetüm*. Es lockt uns auf die Spielwiesen der Aktivität, nur um uns letztendlich auf dem Acker des Aktionismus unterzupflügen. Denn für das *Ungeduldsungetüm* ist die Mühsal stets wichtiger als das Ergebnis, die Strapaze wichtiger als das Gelingen und die Qual wichtiger als der Erfolg. Und wenn wir nicht genügend Abstand wahren, werden wir ebenfalls mit dem Hektik-Virus infiziert.

Im Rausch der Geschwindigkeit

Dass es oft gar nicht so einfach ist, dem *Ungeduldsungetüm* und seinem Wunsch nach totaler Beschleunigung aller Lebensbereiche zu entgehen, wird auch im folgenden Beispiel deutlich.

Beispiel: Ein Tornado namens Eva

Seit Eva von einem *Ungeduldsungetüm* beherrscht wird, ist sie ein richtiger Wirbelwind, allerdings eher von der Sorte »Tornado«, weil sie unberechenbar auftaucht, die Dinge durcheinanderwirbelt und eine Spur aus Chaos und Zerstörung hinter sich herzieht.

Sie ist stets die Erste im Büro und stürzt sich sogleich in die Arbeit. Schon bevor die Kollegen kommen, möchte sie ihre E-Mails durchgearbeitet haben. Schließlich kann man ja auch schon etwas Sinnvolles tun, bevor die eigentliche Arbeit losgeht. Hektisch, um es ja noch rechtzeitig zu schaffen, verschiebt Eva ihre E-Mails in ihr kompliziertes Ordnersystem und beantwortet möglichst alles, was nicht wie eine Spam-Mail aussieht, gründlich.

In der Eile des Gefechts landen allerdings viele Mails in den falschen Ordnern und werden von ihr später nicht mehr wiedergefunden. Im Brustton der Überzeugung wird sie dann Kollegen gegenüber behaupten: »Bei mir ist gar keine Mail angekommen, da hat wohl einer vergessen, mich zu informieren. Wir müssen unbedingt eine abteilungsinterne Regelung erarbeiten, wer wann von wem über welchen Vorgang zu informieren ist!«

Da Eva stets mit ihren Gedanken einen Schritt voraus ist, neigt sie dazu, die Inhalte von erhaltenen Mails durcheinanderzuwirbeln: »Aus welcher Abteilung kam jetzt eigentlich die Anfrage? Was wollte der Kunde noch mal? Und hatte die Abteilungsleiterin nicht auch noch irgendeinen Informationsbedarf?« Entsprechend konfus sehen dann auch ihre Antwortmails aus. Zarte Kritik an ihrer Arbeitsweise kontert sie: »Ich bin doch jetzt schon immer als Erste da und gehe als Letzte, was soll ich denn noch alles machen? Die Kollegen könnten sich doch auch einmal etwas mehr in die Arbeit knien!«

Eva ist ein echter Durchlauferhitzer, sie steht ständig unter Strom, sorgt dafür, dass der Arbeitsfluss nie abreißt und bringt ihre Kollegen mit ihrer Hektik gern zum Köcheln. So sieht die Begrüßung für den ersten Kollegen, der sich blicken lässt, denn auch folgendermaßen aus: »Mensch, Peter, gut, dass du endlich kommst, hier geht schon alles drunter und drüber. Wir müssen uns unbedingt um die aktuellen Absatzzahlen kümmern, bevor du an deine Arbeit gehst!«

Peters ungläubigen Blick interpretiert sie als Zustimmung für ihre Idee. Daher teilt sie den anderen Kollegen bei deren Erscheinen sogleich mit: »Peter kann heute nicht ans Telefon gehen, er muss unbedingt die neuesten Absatzzahlen recherchieren. Wenn es also klingelt, möchte ich euch bitten, sofort ranzugehen. Es ist aber auch wichtig, dass ihr uns helft, wenn ihr Leerlauf habt.« Den Einwand der Kollegen, dass bei der neuen Aufgabe, von der bisher gar keiner wusste, doch vielleicht eine sinnvolle Vorgehensweise abgesprochen werden sollte, kontert Eva: »Wir haben jetzt keine Zeit, einen ausführlichen Plan zu machen. Wir müssen alle ran. Ich werde Peter persönlich unterstützen, hoffentlich kriegen wir das alles noch bis zum Feierabend hin. Sonst sieht es nach Überstunden aus.«

Ein Anruf der Abteilungsleiterin vor der Mittagspause versetzt dann das ganze Team in helle Aufregung. Vor lauter Panikmache von Eva ist eine wichtige Anfrage unbeantwortet geblieben. Der Vertrieb sitzt auf glühenden Kohlen, da er dem Kunden nicht wie vereinbart ein Vertragsangebot vorlegen kann. Zudem sammeln sich auf Evas E-Mail-Account die ersten Nachfragen und Beschwerden aufgrund ihrer schludrigen E-Mail-Bearbeitung vom frühen Morgen. Eva kann den anderen daher nicht zur Hand gehen, sie teilt ihnen knapp mit: »Ich stecke hier bis über beide Ohren in wichtiger Arbeit, ihr müsst schon selbst sehen, wie ihr die Anfrage vom Vertrieb geregelt bekommt.«

Die Mittagspause fällt heute nicht nur für Eva, sondern auch für ihre Kollegen aus. Unterzuckert und mit knurrendem Magen unterlaufen den Kollegen am Nachmittag vielfältige Flüchtigkeitsfehler. Die Stimmung ist auf dem Tiefpunkt, die Arbeit kommt einfach nicht voran. Nur Eva fühlt sich bestätigt, und ganz im Sinne ihres *Ungeduldsungetüms* folgert sie sogleich: »Wir haben die Dinge bisher viel zu sehr auf die leichte Schulter genommen. Jetzt müssen wir unsere gesamte Vorgehensweise bei internen Anfragen überprüfen. Ich glaube, ich muss die Kollegen dringend bitten, genauso wie ich eine Stunde vor dem offiziellen Arbeitsbeginn im Büro zu sein. Vielleicht haben wir dann noch eine Chance.«

 ## Wirksame Gegenzauber zur Abwehr des Ungeduldsungetüms

Auch ein echtes *Ungeduldsungetüm* werden Sie nicht ändern können. Schließlich geht es ihm nicht um Sinn und Zweck seiner Aktivitäten, sondern schlichtweg darum, innere Leere durch verzweifelten Übereifer und erbarmungslosen Arbeitseinsatz zu überdecken. Diskutieren Sie nicht mit dem *Ungeduldsungetüm* über negative Folgen von Überforderung, über zunehmende Fehlerhäufigkeit unter Stress oder die Gefahr des Burnouts bei ständigem Druck – Sie werden sowieso kein Gehör finden.

So schwer es auch fällt, Sie müssen zumindest innerlich auf Distanz zum *Ungeduldsungetüm* gehen. Verwechseln Sie Ihr Bedürfnis danach, wichtige Aufgaben hinter sich zu bringen, nicht mit dem Aktionismus des *Ungeduldsungetüms*. Diesem Gute-Laune-Dieb geht es nur vordergründig darum, die Dinge voranzutreiben. Sein Hauptanliegen ist vielmehr die oben beschriebene Flucht vor sich selbst. Und auf diese Flucht will er auch Sie mitnehmen.

Damit ihm dies nicht gelingt, sollten Sie dem *Ungeduldsungetüm* stets einen Schritt voraus sein. Im Beruf können Sie ihm vorspielen, dass Sie selbst noch viel mehr unter Druck sind und in Arbeit stecken. Hilfreich ist es dabei, die typische Körpersprache des *Ungeduldsungetüms* zu imitieren. Bringen Sie geschickt etwas Hektik in Ihr Auftreten: Nähert sich ein *Ungeduldsungetüm,* sollten Sie präventiv einige Sekunden hyperventilieren. So bekommen

Sie das flache Hecheln in Ihre Stimme, das ihm vertraut vorkommt.

Gleichzeitig sollten Sie auf wohlformulierte Sätze verzichten. Diese würden das *Ungeduldsungetüm* nur hellhörig machen, weil es daraus schließen würde, dass Sie noch in sich ruhen. Dann würde es sich herausgefordert fühlen, schnellstens etwas gegen Ihre Ausgeglichenheit zu unternehmen.

Sprechen Sie also lieber abgehackt. Es bietet sich an, stoßweise Worte in den Raum zu stellen. Diese dürfen auch gerne etwas konfus klingen, beispielsweise so: »Weiß auch nicht … muss ja … na ja … immer ich … aber der Chef … weiß gar nicht mehr, wo mir der Kopf steht!« Dann vermutet das *Ungeduldsungetüm*, dass Sie es bei seinem Vorhaben, Aktionismus für alle entstehen zu lassen, voll und ganz unterstützen. Ihr Blick darf dabei gerne unruhig im Raum herumschweifen. Auch ein nervöses Zucken der Augenlider signalisiert eine bereits vorhandene Überlastung und wirkt sehr überzeugend.

Begegnet Ihnen das *Ungeduldsungetüm* als Chef, müssen Sie weitere flankierende Maßnahmen einsetzen. Immer wenn Ihr Vorgesetzter in Ihre Nähe kommt, sollten Sie getriebene Aktivität entfalten, um bei ihm den Eindruck zu verfestigen, dass Sie bis zum Hals in Arbeit stecken. Verzichten Sie ruhig einmal auf eine Pause, aber nur dann, wenn Ihr Chef es auch mitbekommt. Die Pause können Sie später nachholen, wenn Sie wieder unbeobachtet sind. *Ungeduldsungetüme*, die Ihnen als Vorgesetzte gegenübertreten, wollen nun einmal das Gefühl haben, dass sie Sie nicht nur bis an die Grenze der

Belastungsfähigkeit, sondern weit darüber hinaus getrieben haben.

Bei gehetzten Kollegen brauchen Sie nicht ganz so diplomatisch vorzugehen. Wehren Sie sie auf deren eigenem Spielfeld durch gezielte Gegenwehr ab. Entgegnen Sie ihnen bei Ungeduldsattacken: »Ich reiße mich nun einmal mehr zusammen als du und arbeite härter. Deswegen kann ich jetzt auch pünktlich nach Hause gehen.« Bewährt hat sich auch: »Du solltest dich mal ausbremsen, der Chef vermutet schon, dass du an seinem Stuhl sägst.« Oder Sie lassen ihn einfach mit einem kurzen und knappen »Dieser verdammte Job frisst mich einfach auf!« stehen.

Ungeduldige Bekannte lassen sich ebenfalls mit Gegenzwängen in den Griff bekommen. Versucht man, Sie für Freizeitaktivitäten zu vereinnahmen, können Sie darauf hinweisen, dass auf Sie noch ein ganzer Berg von unerledigten Aufgaben wartet. Betonen Sie Ihre anderen Verpflichtungen deutlich: »Ich würde ja gerne mitkommen, aber ich habe Nicole versprochen, ein neues Virenprogramm am PC zu installieren. Eigentlich bin ich schon auf dem Sprung.« Oder Sie weisen daraufhin, wie viel noch im Garten oder im Haushalt zu erledigen ist.

Wenn Sie es in Ihrer Partnerschaft mit einem *Ungeduldsungetüm* zu tun haben, können Sie nur hoffen, dass es in ihm einen Funken Einsicht gibt und es Sie als potenziellen Ruhepol ansieht, der ihm in der ganzen Hektik als Fels in der Brandung dient. Wichtiger als Diskussionen über Sinn und Unsinn bestimmter Aktivitäten wird es für Ihren Partner dann sein, einfach in den Arm genommen zu werden und tröstende Worte zu hören. Wir können es Ihnen nicht versprechen, hoffen aber, dass Sie Ihren Partner in diesem Fall mit Sätzen wie diesen bremsen und aufbauen können: »Schatzi, ist doch alles nicht so schlimm, solange wir uns haben!«, »Das schaffen wir schon, wir haben schon ganz andere Dinge gemeinsam überstanden!« oder »Du machst es dir halt manchmal etwas schwerer als nötig, aber das finde ich irgendwie süß!«

Entwaffnen Sie den abstrakten Abzocker

Der *abstrakte Abzocker* fühlt schon längst nicht mehr mit der realen Welt. Und das bekommen wir von ihm zu spüren.

Das herausragende Merkmal des *abstrakten Abzockers* ist, dass er stets in höheren Sphären schwebt, in Visionen schwelgt und sich mehr für das große Ganze als für unseren konkreten Alltag interessiert. Es fällt ihm schwer, sich in die Niederungen menschlicher Bedürfnisse zu begeben und sich ernsthaft mit uns auseinanderzusetzen. Deshalb passiert es regelmäßig, dass wir uns nach einer kurzen Zeit in Gegenwart des *abstrakten Abzockers* schlecht fühlen. Er tarnt sich mit der Maske des verständnisvollen Zuhörers und des scharfsinnigen Intellektuellen. In Wahrheit geht es ihm aber nur darum, bei jeder passenden und unpassenden Gelegenheit seine abgehobene Weltsicht zu verbreiten. Und in dieser Märchenwelt ist kein Platz für unsere konkreten Bedürfnisse vorgesehen.

Der Baumeister der Luftschlösser

Allem, was konkret sein könnte, weicht der *abstrakte Abzocker* geschickt aus. Wie es sein Name bereits andeutet, verliert er sich gerne in Abstraktion, um sich nicht auf die Ebene des Handelns begeben zu müssen. Wenn wir mit dem *abstrakten Abzocker* reden, verwendet er gerne allgemeingültige Aussagen, sodass wir uns schnell dabei ertappen, zustimmend mit dem Kopf zu nicken, während er wohlklingende Weisheiten verbreitet.

So kann es uns im Beruf passieren, dass ein *abstrakter Abzocker* unseren Wunsch nach technischen Hilfsmitteln für die Arbeit mit den Worten kontert: »Ich finde es toll, dass Sie immer die Augen aufhalten und sich über Verbesserungsmöglichkeiten Gedanken machen. In der heutigen Zeit des permanenten Umbruchs sind wir alle gefragt, ständig nach Optimierungen und kreativen Lösungen zu suchen. Mit Ihrer Motivation werden Sie es sicher schaffen, Ihre Ziele zu erreichen. Ganz wichtig ist dabei, dass Sie stets bei sich selbst bleiben und nie Ihr Engagement verlieren.«

Ihre Nachfrage, ob Sie denn jetzt mit einer optimierten Eingabemaske für die von Ihnen genutzte Software rechnen können, wird dann ebenfalls freundlich, aber ausweichend beantwortet: »Generell ist die IT-Abteilung natürlich immer bestrebt, den Anwendern im Unternehmen als Dienstleister zur Verfügung zu stehen. Auch die von Ihnen angesprochene Problematik ist sicherlich ein wichtiges Thema, denn wir versuchen doch alle, unnötige Arbeitsschritte zu vermeiden, um unsere Effizienz zu steigern. Sie als leuchtendes Beispiel werden es mit Sicherheit schaffen, die Auswertung auch unter widrigen Umständen zu bewältigen.«

Wie Sie jetzt schon merken, setzten sich *abstrakte Abzocker* gerne mit Ihnen auseinander, aber stets nur vorgeblich. Wie in unserem Beispiel werden auch Sie es nicht schaffen, den *abstrakten Abzocker* auf eine Handlungsebene zu bringen. Er breitet zwar gerne seine detaillierten Ansichten aus, verzichtet aber ganz bewusst darauf, sein Gedankengebäude an die Notwendigkeiten der Realität anzupassen. Kurz gesagt: Der *abstrakte Abzocker* redet gerne, handelt aber ungern. Und damit kann er Sie, insbesondere dann, wenn Sie glauben, auf ihn angewiesen zu sein, fürchterlich nerven.

Auch in der Freizeit und im Privatleben sind *abstrakte Abzocker* keine Seltenheit. Wer schon einmal näher mit *abstrakten Abzockern* in Begleitung ihrer Kinder zu tun hatte, verliert nicht nur den Glauben an die Erziehungskompetenz dieser Spezies, sondern auch den Glauben an die nachwachsende Generation. Dann erzählen Ihnen die Eltern freudestrahlend bei einem Besuch: »Wir haben uns lange und ausführlich mit Erziehungsmodellen auseinandergesetzt. Die freie Selbstentfaltung unserer Kinder ist doch das Wichtigste. Natürlich ist es auch ganz wesentlich, mit gutem Beispiel voranzugehen, um ein kompetentes Rollenverhalten von klein auf einzuüben. Sonst klappt es einfach nicht mit dem Respekt vor anderen Menschen und deren Eigentum.« Währenddessen nutzen die lieben Kleinen die Ablenkung der Erwachsenen, malen lustige Strichmännchen an die Tapete, verstecken die Reste ihrer Schokolade in der Sofaritze und perforieren mit ihren kleinen Fingern interessiert die Lautsprechermembranen der Stereoanlage.

Der Hinweis von Ihnen, dass die Kinder gerade die Ausführungen ihrer Eltern ad absurdum führen, bringt die *abstrakten Abzocker* nicht aus der Fassung. Nach einem kurzen Seitenblick lassen sie die Kinder weiter gewähren und setzen zu einem Vortrag über die Wichtigkeit von sozialen Erfahrungen auch für Kinder an: »Ist es nicht schön zu sehen, wie sich die Kinder schon nach kurzer Zeit bei euch eingewöhnt haben? Keine Spur von Ängstlichkeit, es keimt sogar erstes

Vertrauen auf. Deswegen ist es uns ja auch so wichtig, dass unsere Kinder viel Kontakt mit anderen Menschen haben, um die vielfältigen multioptionalen Lebensentwürfe unserer modernen Gesellschaft so früh wie möglich kennen zu lernen.«

Ihnen bleibt in dieser Situation nur noch übrig zu verzweifeln. Denn würden Sie einschreiten, hieße dies, den Kindern wichtige Erfahrungsräume vorzuenthalten. Und Sie wollen ja schließlich nicht verantwortlich dafür sein, dass die Kinder wegen Ihres repressiven Einschreitens zu autoritätshörigen Anpassern werden, oder?

Wie Sie auch an diesem Beispiel gesehen haben, entspricht das tatsächliche Verhalten eines *abstrakten Abzockers* üblicherweise nicht seinen komplexen theoretischen Ausführungen. Der Transmissionsriemen zwischen Vorstellungswelt und dem Handeln im Alltag ist beim *abstrakten Abzocker* schon lange gerissen – oder er war nie vorhanden. Es kümmert ihn einfach nicht, dass seine Taten nicht seine Worte widerspiegeln.

In der Partnerschaft beschwört er gerne die Verpflichtung zur gegenseitigen Unterstützung. Allerdings reagiert er auf die Aufforderung zu mehr Engagement im Haushalt ganz verwundert: »Unsere Liebe spiegelt sich doch nicht in sauberen Tellern wieder. Viel wichtiger als Staubsaugen und Putzen ist doch, dass wir stets füreinander da sind.«

Im Arbeitsleben kommt es dem *abstrakten Abzocker* auf die richtige Einstellung an, die vor allem anderen verinnerlicht werden muss. Glauben Sie nicht, dass Sie ihn durch Arbeitsergebnisse davon überzeugen können, dass Sie die richtige Einstellung haben. Dies wird er nämlich gar nicht wahrnehmen. Stattdessen wird er Ihnen immer wieder predigen: »Die positive Motivation ist das Entscheidende. Es genügt nicht, nur unsere Aufgaben zu erledigen. Wir müssen lernen, wie die Adler zu fliegen und begeisterungsfähig wie die Fischhändler zu sein.«

Sie haben gesehen: Ob im Beruf, in der Partnerschaft oder im Bekannten- und Freundeskreis, der *abstrakte Abzocker* schwafelt nun einmal gern herum, allerdings auf allerhöchstem Niveau. Wenn wir nicht aufpassen, ziehen wir vorschnell in seine verbalen Luftschlösser ein. Und erst, wenn wir wieder auf dem harten Boden der Realität aufschlagen, merken wir, dass sie ohne tragfähiges Fundament errichtet wurden.

Gefangen in allgemeinen Sehnsüchten

Womit schafft es der *abstrakte Abzocker* eigentlich, uns einzunehmen? Warum erkennen wir nicht gleich, dass er nur leeres Geschwätz von sich gibt? Der Grund liegt darin, dass wir, wie alle anderen Menschen auch, eine tief verwurzelte Sehnsucht nach Geschichten, Märchen und Erzählungen haben. Die bloße Bewältigung des Alltags war Menschen schon immer zu wenig. Schon sehr früh in der Geschichte begannen sie, Mythen fest in der Gemeinschaft zu verankern, Legenden zu bilden und sich am Lagerfeuer erbauliche Geschichten zu erzählen.

Auch heute sehen wir noch, und dass nicht nur bei Kindern, welche starken Reaktionen abenteuerliche Fiktionen, blumige Erzählungen und fantastische Märchen hervorrufen. Schließlich will auch die emotionale Seite in uns angesprochen werden. Es ist durchaus legitim, sich ab und zu Tagträumen hinzugeben, um die harte Realität abzumildern. Viele von uns möchten von Zeit zu Zeit einmal einen Schritt aus der Wirklichkeit heraustreten, um unsere Sorgen und Nöte zu vergessen. Und in diesen Phasen der Sehnsucht sind wir besonders offen für diejenigen, die uns bunte Fantasiewelten präsentieren.

In früheren Zeiten hatte der Vorläufer des *abstrakten Abzockers* seinen festen Platz am Lagerfeuer der Urhorde. Nach dem täglichen Überlebenskampf in einer feindlichen Umwelt war er derjenige, der uns mit der spannenden Schilderung von Parallelwelten von der Härte des mühseligen Daseins ablenkte. Beim Sitzen am lodernden Feuer erzählte er fantastische Geschichten über die Waldgeister, die Tiergötter und die Ahnenwelt. Wir hingen an seinen Lippen, entspannten uns am wärmenden Feuer und vergaßen unsere Probleme. Besonders dankbar waren wir dem Geschichtenerzähler für die sanfte Überleitung ins Reich der Träume. So fanden wir zu neuer Kraft und konnten uns am nächsten Tag wieder dem herausfordernden Alltag stellen.

Heute allerdings stellt sich die Situation anders dar. Noch immer ist der *abstrakte Abzocker* ein echter Geschichtenerzähler. Doch es geht ihm nicht mehr darum, uns mit seinen schillernden Erzählungen zu wärmen. Das Feuer ist längst heruntergebrannt, und der *abstrakte Abzocker* von heute sitzt vor einem Haufen kalter Asche, die er uns nur zu gerne in die Augen streut. Inzwischen kann er nicht mehr zwischen seinen Fantasiewelten und den Erfordernissen des Alltags unterscheiden. Und so beginnen unsere Probleme dann, wenn wir von ihm Unterstützung für die Bewältigung unserer täglichen Aufgaben erwarten. Denn gerade wenn Probleme auftauchen, flüchtet sich der *abstrakte Abzocker* in Allgemeinplätze und lässt uns mit unseren Sorgen allein.

Es gehört zum Wesen des *abstrakten Abzockers,* dass er mit Generalisierungen und Verallgemeinerungen arbeitet. Er wirft mit ausfüllungsbedürftigen Worthülsen nur so um sich. Damit schafft er es auch immer wieder, uns zu ködern, denn zunächst fühlen wir uns durch seine abstrakten Ausführungen angezogen, weil wir seinen allgemeinen Thesen nur zustimmen können. Wenn ein *abstrakter Abzocker* beispielsweise sagt »Partnerschaft braucht Vertrauen!«, haben wir es nicht nur schwer, eine Gegenposition einzunehmen, wir wollen es eigentlich auch gar nicht.

Probleme bekommen wir erst, wenn wir mit ihm klären wollen, was das nun eigentlich für die Praxis des Zusammenlebens bedeutet. Es kann nämlich bedeuten: »Der Partner hat mir gefälligst zu vertrauen, egal was ich auch mache!«, »Mein Partner darf keine Geheimnisse vor mir haben, ich dagegen schon!« oder »Ich vertraue meinem Partner alles an, egal ob er es hören möchte oder nicht!« Und nicht nur in der Partnerschaft funktioniert der Gute-Laune-Diebstahl des *abstrakten Abzockers* auf diese heimtückische Weise.

Wenn ein *abstrakter Abzocker* mit uns redet, legt er sich nicht fest. Weil er mit seinen Äußerungen stets oberflächlich bleibt, können wir ihn nicht ernsthaft »beim Wort nehmen«. Die Vorteile für ihn liegen dabei auf der Hand: Er kann machen, was er will. Und wenn wir uns beschweren, wird er uns vorwerfen: »Du vertraust mir eben nicht!«

Der *abstrakte Abzocker* von heute ist dadurch nicht mehr der harmlose Geschichtenerzähler von damals. Er verfolgt mittlerweile ganz andere Absichten, als uns nur ein wenig abzulenken und zu unterhalten. Ihm geht es längst nicht mehr um uns, sondern um seine eigenen Ziele. Der bösartige *abstrakte Abzocker* von heute will uns mit seinen vagen Äußerungen manipulieren. Wir sollen ihm bedingungslos folgen, seine Ansichten nicht hinterfragen und uns seine Weltsicht zu Eigen machen. Damit erreicht er, dass wir ihm arglos vertrauen, während er die Möglichkeit erhält, uns für jede konkrete Handlung zu kritisieren, die seinen Absichten zuwiderläuft.

Durchschauen wir nicht, dass uns der *abstrakte Abzocker* in seinem Netz der allgemeinen Sehnsüchte fangen will, sind wir ihm schutzlos ausgeliefert. Er will mit aller Macht verhindern, dass wir unsere individuellen Wünsche, konkreten Bedürfnisse und persönlichen Ansprüche artikulieren und realisieren. Kurz gesagt: Er will uns an unserem Glückserleben hindern und uns stattdessen seine Glücksversprechungen aufdrängen. Ganz gleich, ob in der Partnerschaft, im Beruf oder im Freundeskreis, der *abstrakte Abzocker* verfolgt stets nur das Ziel, sein dogmatisches Weltbild als das allein glückseligmachende zu beschwören.

Wenn wir nicht aufpassen, wird uns der *abstrakte Abzocker* entmündigen und für uns entscheiden, wie wir unser Leben zu leben haben. Mit seiner schleichend zunehmenden Einflussnahme entkoppelt er uns von der sinnlichen Welt. Wir spüren nicht mehr selbst, was uns gut tut und was nicht und sind ihm und seiner Ideologie auf Gedeih und Verderb ausgeliefert.

Ohne Realitätsbezug

Was ein *abstrakter Abzocker* für Unheil anrichten kann, schildert der folgende Fall. Erleben Sie, wie ein Gute-Laune-Dieb der hinterlistigsten Art sich in Theorien und Ideologien verliert, um uns von unseren konkreten Wünschen und Bedürfnissen zu entfremden.

Beispiel: Ein Berufener geht unbeirrt seinen Weg

Wenn es darum geht, klug zu reden, ist Jürgen stets zur Stelle. Da ein ausgewachsener *abstrakter Abzocker* ihn in seinen Klauen hat, ist er es gewohnt, seine Ansichten ausführlich darzustellen und immer zu allem und jedem seine Meinung kundzutun.

Heute hat Jürgen bereits den Nachmittag im Büro damit verbracht, den Kollegen die neuesten Theorien zur Motivation nahezubringen. Aus seiner Sicht hat er allen ganz klar deutlich gemacht, wie wichtig die richtige Einstellung ist:

»Liebe Leute, eins ist doch ganz klar: Die Fehlerquote bei uns zeigt doch, dass einigen der richtige mentale Background fehlt. Wenn wir nur positiv genug an unsere Aufgaben herangehen, dürften sich doch gar keine Fehler einschleichen. Aber es ist ja ein offenes Geheimnis, dass es hier viel zu viel negative Gedanken und Einstellungen gibt, und wer eine negative Einstellung hat, macht natürlich auch Fehler, weil sein Unterbewusstsein gute Arbeit blockiert. Es scheint so, als hätten wir einige Mitarbeiter hier, die nicht mehr wirklich hinter der Firma stehen.«

Die berechtigten Einwände der Kollegen, dass die Personaldecke zu dünn sei, es momentan Probleme mit der IT-Plattform gebe, die Informationsweiterleitung zwischen den Abteilungen nicht richtig funktioniere und die Schnittstellen für die Auftragsbearbeitung nicht richtig definiert seien, kontert Jürgen mit Unverständnis: »Na, da haben wir es doch: Wer immer nur das Negative sieht, kann ja auch keine positive Einstellung zur Arbeit gewinnen. Ihr solltet euch mal mit eurer Eigenmotivation beschäftigen!«

Den Wunsch der Kollegen, ein Memo wegen der Schwierigkeiten an die Geschäftsleitung zu schicken, lehnt Jürgen empört mit den Worten ab: »Schießt mal kein Eigentor, ihr könnt eure fragwürdige Einstellung nicht auch noch der Geschäftsleitung unter die Nase reiben. Dann wissen die doch gleich, wo das Problem wirklich liegt!« Nach dieser Predigt lässt Jürgen die Kollegen stehen und macht sich auf den Nachhauseweg.

Zuhause angekommen, bittet ihn seine Frau, sich die Hausaufgaben seiner Tochter anzusehen, die sich in der Schule gerade mit den Hebelgesetzen der Physik auseinandersetzen muss. Diese Gelegenheit lässt sich Jürgen natürlich nicht entgehen, um erst einmal Grundsätzliches aus der Welt der Wissenschaft zu klären. Nachdem er es sich auf dem Sofa bequem gemacht hat, erläutert er seiner Frau und seiner Tochter: »Bei der Physik muss man immer im Kopf behalten, dass nur Weniges so ist, wie es scheint. Auch bei angeblichen Gesetzmäßigkeiten gibt es immer wieder Paradigmenwechsel. So hat zuletzt die Quantenphysik vieles widerlegt, was unverrückbar erschien. Man sollte doch eigentlich von Lehrern erwarten, dass sie mit euch Schülern nicht immer nur diese stupiden Berechnungen anstellen. PISA hat doch ganz klar gezeigt, dass es wichtig ist, Dinge zu hinterfragen und selbstständig in einen Kontext einzuordnen. Das kannst du deinem Lehrer ja mal sagen!«

Auf die Bitte seiner Frau, sich doch trotzdem einmal kurz mit der Tochter hinzusetzen und ihre Berechnungen zu überprüfen, damit die Hausaufgaben für heute abgeschlossen werden können, erwidert Jürgen: »Später hat unsere Tochter sowieso PC-Programme, die solche Sachen für sie berechnen. Wir machen das in der Firma doch auch nicht per Hand. Da sieht man mal wieder, dass die Schule sich auf die ganz falschen Aspekte konzentriert, wenn es darum geht, junge Menschen auf das Berufsleben vorzubereiten.«

Diese Erwiderung ihres Vaters hört die Tochter schon gar nicht mehr bis zu Ende, da sie resigniert in ihr Zimmer gegangen ist. Sie hatte ihrer Mutter von vornherein gesagt, dass es wenig Sinn haben würde, ihren Vater um Hilfe bei den Hausaufgaben zu bitten. Den folgenden Streit zwischen den Eltern verpasst sie glücklicherweise ebenfalls.

Die Mutter findet das Verhalten des Vaters nämlich völlig verantwortungslos. Sie beschwert sich mit den Worten: »Du lässt deine Tochter doch ins Messer laufen. Wenn sie deine abgehobenen Weisheiten dem Lehrer unter die Nase reibt, lässt er sie doch mit Pauken und Trompeten durchfallen!« Das bringt ihr aber nur ein weiteres Ausweichmanöver von Jürgen ein: »Ich weiß gar nicht, was du hast. Kinder müssen doch einmal lernen, eine Position zu hinterfragen. Soll unsere Tochter denn immer nur anderen Leuten nach dem Mund reden? Ich finde es auf jeden Fall wichtig, eine kritische Einstellung bei ihr zu fördern. Damit kommt sie viel besser durchs Leben!«

 ## Wirksame Gegenzauber zur Abwehr des abstrakten Abzockers

Möchten Sie Ihre gute Laune auch in der Anwesenheit eines *abstrakten Abzockers* behalten, sollten Sie Abstand von der Vorstellung nehmen, mit ihm gemeinsam etwas erreichen zu können. Machen Sie sich bewusst, dass Sie es nicht schaffen werden, den *abstrakten Abzocker* auf eine Handlungsebene herunterzuführen. Er wird immer seinen abgehobenen Gedankengebäuden verhaftet bleiben. Denn wie wir Ihnen ja bereits erläutert haben, legt der *abstrakte Abzocker* bewusst keinen Wert darauf, dass seine Hirngespinste der Realität standhalten. Es könnte sich ja herausstellen, dass seine wohlklingenden Wunschvorstellungen überhaupt nicht praktikabel sind.

Für Sie hat die Entlarvung eines *abstrakten Abzockers* als Schwafelkopf durchaus Vorteile. Wer nämlich den ganzen Tag vor sich hinredet, weiß am nächsten Tag nicht mehr genau, was er im Einzelnen gesagt hat. Und in diese Lücke können Sie stoßen. Dabei sollten Sie nicht den Fehler machen, das Weltbild des *abstrakten Abzockers* ihm gegenüber infrage zu stellen. Bei Ihrer Überzeugungsarbeit würden Sie nur verzweifeln. Schließlich gibt niemand, und schon gar nicht der *abstrakte Abzocker*, eine einmal gefasste Grundüberzeugung wieder auf.

Lassen Sie den *abstrakten Abzocker* am besten dort, wo er hingehört, nämlich in den höheren Sphären der Luftschlösser. Er wird Ihnen, wenn Sie ihn nicht herausfordern, keinen Besuch in den Niederungen der Realität abstatten. Deshalb ist die mangelnde Unterstützung, an der Sie leiden, eigentlich ein Vorteil: Sie können auf mangelnde Kontrolle und wenig Einflussnahme bauen. Weil der *abstrakte Abzocker* so wenig in der Wirklichkeit verhaftet ist, dürfen Sie sich bei Ihrem konkreten Vorgehen einige Freiheiten herausnehmen. Doch nicht nur das: Sie können im Prinzip machen, was Sie wollen.

Wenn Sie den abstrakten Abzocker im Beruf unbedingt informieren oder einbinden müssen, sollten Sie sich seine schwammigen Ausführungen zunutze machen. Begründen Sie Ihr eigenes Vorgehen mit Verweisen auf seine schwülstigen Beiträge bei Teamsitzungen, seine blumigen Arbeitsanweisungen und seine mehrdeutigen E-Mails.

Gerade wenn Sie eher über Macherqualitäten verfügen und eine präzise Abstimmung schätzen, werden Sie natürlich über Ihren Schatten springen müssen. Dies wird Ihnen besser gelingen, wenn Sie den Spielcharakter im Umgang mit dem *abstrakten Abzocker* akzeptieren. Quälen Sie sich nicht damit, den *abstrakten Abzocker* mit genau passenden Fundstellen festnageln zu wollen. Machen Sie es sich einfach: Zitieren Sie beliebig aus seinen weitläufigen und allgemeinen Ausführungen.

Geht es um eine Restrukturierung Ihrer Abteilung, könnten Sie den *abstrakten Abzocker* so vor vollendete Tatsachen stellen: »Wie in Ihrem Memo gefordert, hat sich unsere Abteilung intensiv mit der Fehlerkultur in unserem Unternehmen auseinandergesetzt. Unter Bezugnahme auf die von Ihnen vorgegebenen Leitbilder haben wir die Schnittstellen anders definiert und die Arbeit neu verteilt. Im Namen der Kollegen danke ich Ihnen dafür, dass Sie diese wichtigen Neuerungen angeschoben haben.«

Selbst wenn sich der *abstrakte Abzocker* einmal beschwert, haben Sie gute Möglichkeiten, mit Ihrem eigenmächtigen Handeln davonzukommen. Spricht Sie ein *abstrakter Abzocker* als Kollege darauf an, dass bei Ihnen zu viel Arbeit liegen geblieben ist, antworten Sie: »Ich habe darüber nachgedacht, was Sie neulich über die Wichtigkeit der inneren Einstellung gesagt haben. Und es war mir wichtig, mich nun vorrangig auf das positive Denken einzustimmen.«

Erwischt Sie ein *abstrakter Abzocker* als Vorgesetzter bei Fehlern, entwinden Sie sich ihm doch mit: »Ich hatte Ihre Ausführungen zum unternehmerischen Geist noch in den Ohren. Da hatten Sie doch gesagt, dass es besser wäre, Fehler zu machen als gar nichts zu tun.«

Beachten Sie, dass die Grenze zwischen dem Eingehen auf das Weltbild des *abstrakten Abzockers* und Ironie schmal ist! Verärgern Sie den *abstrakten Abzocker* daher nicht mit zu offensichtlichen Parodien auf sein Auftreten. Bemühen Sie sich um einen ernsthaften Ton, und geben Sie sich völlig ahnungslos. Gucken Sie ihn treuherzig und mit großen Augen an, so als ob Sie es nicht erwarten könnten, die nächsten Weisheiten aus seinem Mund zu vernehmen. Ist der *abstrakte Abzocker* dann außer Sichtweite, können Sie wieder Ihre eigenen Ziele verfolgen.

Auch im Umgang mit *abstrakten Abzockern* im Privatleben gilt die Prämisse: Handeln Sie, während der *abstrakte Abzocker* noch redet! Am einfachsten machen Sie es sich, wenn Sie seine Erzählungen als Hintergrundrauschen einstufen. Es ist nicht unbedingt eine schöne Melodie, aber es ist auch kein echtes Störgeräusch, das Sie verunsichern sollte. Packen Sie die Dinge also einfach an. Der *abstrakte Abzocker* wird Ihnen sogar dankbar sein, wenn Sie für ihn den praktischen Teil des Lebens organisieren. Dann kann er weiter in Gedanken an seiner Weltformel feilen.

Möchten Sie also, dass Ihr Kind gut in der Schule mitkommt, sollten Sie lieber eine Nachhilfe engagieren, als sich endlos mit Ihrem Partner über die Leistungsfähigkeit deutscher Bildungseinrichtungen zu streiten: »Ich habe für unsere Tochter Nachhilfe organisiert. Schließlich kann man sich ja nicht mehr auf die Schule verlassen, das hattest du ja auch gesagt. Könntest du die Rechnung bitte morgen überweisen?«

Richten Sie sich darauf ein, dass Sie nicht wirklich etwas bewegen werden, wenn Sie mit den *abstrakten Abzockern* über deren Weltsicht streiten. Sie werden nicht daran vorbeikommen, dass Ihnen *abstrakte Abzocker* immer einmal wieder ihre salbungsvollen Ansichten zu Politik, Gesellschaft, Bildung und Erziehung predigen wollen. Sie können eigentlich nur mit Handeln kontern.

Damit der *abstrakte Abzocker* Ihr Leben nicht allzu sehr blockiert, sollten Sie sich freundliche, aber handlungsorientierte Gegenmaßnahmen angewöhnen. Insbesondere dann, wenn Sie keine Zeit haben, den endlosen Ausführungen zu lauschen. Beginnt also ein *abstrakter Abzocker* wieder einmal mit seinen weitschweifigen Ausführungen zur Konsumkritik, können Sie ihm mit einem freundlichen Lächeln mitteilen: »Ja, die Konsumgesellschaft ist schon ein großes Problem.« Um dann vergnügt mit den Kindern zur Shoppingtour ins Einkaufszentrum aufzubrechen. Lassen Sie dem *abstrakten Abzocker* seine Fantasiewelten, und genießen Sie Ihr Glück des Handelns.

Stoppen Sie den digitalen Deppen

**Der *digitale Depp* erschafft die Hölle im Paradies:
Positive Neugier verwandelt er durch billige Tricks
in negative Emotionen.**

Im Gegensatz zu den anderen Gute-Laune-Dieben bedient sich der *digitale Depp* nicht nur realer Personen, sondern auch virtueller Hilfsmittel. Getarnt als Fernseher, Zeitung, Radio oder Computer schleicht er sich erst in unsere Wohnung und dann in unser Leben. Er nutzt jede Gelegenheit, um uns in künstliche Welten zu locken und unsere Gefühle zu manipulieren. Unsere Wünsche nach Unterhaltung, Ablenkung und Information nimmt er nur vordergründig ernst, um uns dann, wenn er uns erst einmal in den Fängen hat, auf das große Schlachtfeld der tragischen, niederschmetternden und tränenreichen Emotionen zu zerren oder um uns durch Informationsfluten zu verwirren und kopflos zu machen.

Ertrunken in der Informationsflut

Es passiert nicht nur Ihnen: Sie haben abends noch etwas Zeit und möchten sich entspannen. Also machen Sie es sich auf dem Sofa gemütlich – und schon greift die Hand zur Fernbedienung und fängt an, durch die Kanäle zu zappen. So leicht es fällt, den Fernseher einzuschalten, so schwer fällt es dann, ihn wieder auszumachen. Findet man beim ersten Durchgang keinen Film, keine Sendung und keinen Beitrag, die einen wirklich interessieren, lässt man die Programme halt noch einmal durchlaufen, bis man beim kleinsten Übel hängenbleibt. Oder es entsteht ein bunter Mix, der sich aus verschiedensten Sendungshäppchen zusammensetzt, jeder für sich völlig ungenießbar, in der Kombination gerade noch zu ertragen.

Nach einiger Zeit fängt man dann an, sich darüber zu ärgern, dass es wieder einmal nichts Vernünftiges im Fernsehen gibt. Dann ärgert man sich über sich selbst, weil man wieder einmal vor der Glotze hängengeblieben ist. Und schließlich beginnen die Informationshäppchen, die man im ganzen Medienbrei aufgeschnappt hat, im Kopf ein Eigenleben zu führen: »Ist die Klimakatastrophe noch aufzuhalten? Werde ich ab morgen Hartz-IV-Empfänger sein? Und kann ich mich bei der ständig zunehmenden Jugendkriminalität überhaupt noch ruhigen Gewissens auf die Straße trauen?«

Selbst wenn man den Fernseher jetzt abschaltet, bleibt man in inneren Diskussionen gefangen. Zu einem Ergebnis wird das Ganze nicht führen, weil wir allein gar nicht genug Einflussmöglichkeiten haben, um den Lauf der Welt zu ändern. Was letztendlich bleibt, ist ein Gefühl der Niedergeschlagenheit, der Ohnmacht und der Überforderung.

Damit hat es der *digitale Depp* wieder einmal geschafft: Er hat unseren Wunsch nach Entspannung oder Information ausgenutzt, um sich in unsere Köpfe zu schleichen und dort sein böses Spiel zu treiben. Sein Ziel, dass wir uns nicht mehr um unsere Bedürfnisse kümmern, hat er erreicht. Was aber noch viel schlimmer ist: Der *digitale Depp* hat uns fremde Probleme aufgebürdet, fremde Sorgen aufgehalst und fremde Ängste zugeschoben.

Wieder einmal gehen wir dann viel zu spät und gefangen in unseren Grübeleien ins Bett, wälzen die Gedanken hin und her und finden keinen Schlaf.

Auch die – vorgebliche – Informationssuche im Internet gehört zu den bevorzugten Spielwiesen des *digitalen Deppen*. Er verspricht uns wichtige und interessante Informationen, die unsere Entscheidungen – und damit das Leben – leichter machen sollen. Allerdings endet die schnelle Recherche allzu oft damit, dass wir von einer Informationslawine überrollt werden, sodass wir nicht mehr wissen, wo oben und unten ist.

Haben wir endlich einmal einen bestimmten Tipp im Internet gefunden, können wir der Versuchung nicht widerstehen, uns weiter durch die Seiten zu klicken. Eine bunte Seite nach der nächsten öffnet sich, die Wahlmöglichkeiten sind schier endlos; an jeder Ecke des global verzweigten World Wide Web finden wir bruchstückhafte Informationen. Wie ein großes Puzzle liegen die unterschiedlichen Ansichten, Meinungen und Geheimtipps vor uns. Doch eine magische Kraft hindert uns daran, das Ganze zu komplettieren, weil sich auf wundersame Weise die Anzahl der Puzzleteile ständig vergrößert.

Irgendwann sind wir dann völlig frustriert, weil wir den Wald vor lauter Bäumen nicht mehr sehen. Sämtliche Orientierung haben wir verloren und irren nur noch ziellos im Datendickicht umher. Mit schadenfrohem Grinsen beobachtet uns der *digitale Depp* dabei und freut sich darüber, dass er uns wieder einmal vorführen konnte.

Paradies der Informationen und Hölle der Gefühle

Der *digitale Depp* ist eine besondere Erscheinung des Informationszeitalters. Neue Technologien geben ihm vielfältige Möglichkeiten, uns aufs Kreuz zu legen. Er bedient sich nicht nur des Fernsehens oder des Internets; gekonnt nimmt er auch über das Handy samt SMS, Fluten von E-Mails, Videospiele und die bunte Presselandschaft Einfluss auf uns. Es bleibt die Frage: Warum machen wir es ihm allzu oft so leicht, uns die gute Laune zu rauben?

Die Antwort liegt darin, dass er sich unsere Neugier zunutze macht. Menschen sind generell daran interessiert, mehr über ihre Umwelt zu erfahren. Und würden wir annehmen, dass Klatsch und Tratsch ihren Siegeszug erst im Medienzeitalter begonnen haben, so würden wir uns etwas vormachen. Auch in Urhorden gab es den Brunnen oder den Feuerplatz, an dem die neuesten Geschichten und Geschichtchen ausgetauscht wurden. So »edle« menschliche Gefühle wie Schadenfreude, Hohn, Spott, Missgunst oder Neid wurden auch damals schon ausgelebt. Und manchmal gab es sogar echtes Mitgefühl, tatsächliche Anteilnahme und wirkliches Mitleiden.

Neue Informationen sind wichtig, um den Herausforderungen des Lebens begegnen und Probleme lösen zu können. Je nach Lebenssituation sind die einen daran interessiert, wo der neue MP3-Player am günstigsten zu haben ist, andere möchten wissen, zu welcher Jahreszeit ein Südafrikaurlaub am sinnvollsten ist. Es gibt Tipps zur Allergiebehandlung, wichtige Modetrends, aktuelle Autotests und natürlich die neuesten Nachrichten aus Politik, Wirtschaft und Gesellschaft.

So sind Glaubenssätze wie »Man muss ja informiert sein!« oder »Ich will doch auch mitreden können!« überaus verbreitet. Und damit hat der *digitale Depp* sein Einfallstor gefunden: Er nutzt unser Informationsbedürfnis aus, um sich in unser Leben zu drängen. Mit vorgeblich wichtigen Informationen gaukelt er uns eine vermeintliche Oase vor, in der wir unseren Wissensdurst stillen können. In Wirklichkeit handelt es sich dabei aber um eine Fata Morgana, mit der er uns hinaus in die Wüste lockt, um uns dort Sand in die Augen zu streuen und sich dann an unserer Orientierungslosigkeit zu ergötzen. Wir erhalten immer mehr Informationen und laufen dennoch im Kreis herum. Es bleibt die bittere Erkenntnis, dass unsere Suche kein Ende finden wird. Statt einer Antwort haben wir nun hundert neue Fragen im Kopf.

Verwirrung allein genügt dem *digitalen Deppen* aber nicht. Er will uns nachhaltig zermürben und am Boden sehen. Deshalb sind seine Waffen nicht nur Unmengen an überflüssigen Informationen, sondern auch emotionale Fallgruben, in die er uns arglistig hineinstürzen lässt. Unter dem Deckmantel der sachlichen Berichterstattung treibt der *digitale Depp* uns vor sich her. Hier ein Unglück, dort ein Schicksalsschlag, dann noch eine flotte Mischung aus Katastrophen, Ungerechtigkeiten und Skandalen. Und schon stellt sich auch bei uns das Gefühl ein, dass die Welt durch und durch schlecht und eigentlich nicht lebenswert – von liebenswert ganz zu schweigen – ist.

Der *digitale Depp* macht sich, genauso wie der *Jammer-Junkie*, die menschliche Eigenschaft zunutze, sehr heftig und unmittelbar auf schlechte Nachrichten zu reagieren. Er weiß, dass er uns mit Elendsstorys mitten ins Herz trifft. Dann sind wir ihm ausgeliefert und vergessen, dass das Leben auch seine angenehmen Seiten hat.

Es ist schon schwer genug, dem eigenen Leben schöne Momente abzutrotzen. Wird man dann aber noch vom *digitalen Deppen* permanent mit den Schicksalsschlägen der gesamten Welt konfrontiert, ist es nicht überraschend, wenn man eine pessimistische Weltsicht entwickelt und verfestigt.

Viele Menschen sind überaus mitfühlende Wesen, die sich schwer damit tun, einfach über das Unglück anderer hinwegzusehen und zur Tagesordnung überzugehen. Dies ist an sich eine gute Eigenschaft. Problematisch wird es aber dann, wenn Handlungsmöglichkeiten fehlen, um Unglück abzustellen oder zumindest in den Folgen zu dämpfen. Darüber hinaus wird das eigene Wohlbefinden über kurz oder lang auf der Strecke bleiben, wenn ständig die Sorgen und Nöte anderer die eigene Gedankenwelt beherrschen. Und das ist das erklärte Ziel des *digitalen Deppen*.

Ferngesteuerte Gefühle

Wie schnell uns der *digitale Depp* in seine Fänge bekommen kann, ist uns oft gar nicht bewusst. Nur allzu gerne lassen wir uns von unserem Bedürfnis nach Informationen und Ablenkung steuern. Tatsächlich endet das Ganze aber oft im Chaos, wie das folgende Beispiel zeigt.

Beispiel: Schlechte Laune gibt es gratis

Jeder Morgen hat seinen Zauber. Tim jedoch steht schon seit Längerem unter dem Einfluss eines bösen Zauberers, der schon morgens darauf wartet, seinen Tag mit einem Fluch zu belegen: der *digitale Depp*.

Mit dem Radiowecker fängt es an, nach einigen Takten Musik folgen die Nachrichten. Der Ölpreis ist schon wieder gestiegen, erfährt Tim, das Tanken wird teurer. Wieder gab es in der Nacht schwere Unfälle mit Todesfolge. Die Inflation erreicht einen Höchst- und die Börse einen Tiefststand. Auch das Biowetter verheißt nichts Gutes. Staus gibt es eigentlich keine, bis auf den auf dem Weg zu seinem Arbeitsplatz. Und natürlich wird auch wieder geblitzt.

Mit schlechten Nachrichten versorgt, geht Tim in die Küche. Dort wartet schon sein Handy darauf, eingeschaltet zu werden. Die jetzt eintrudelnden SMS lösen ersten Stress aus: »Wer will wieder etwas von mir? Muss das jetzt wirklich schon am frühen Morgen sein? Kann ich nicht einmal in Ruhe meinen Kaffee trinken?«

Die schnelle Lektüre der Tageszeitung trägt auch nicht dazu bei, seine Stimmung zu heben. Flugzeugabsturz, Hochwasser und der Ausbruch einer Epidemie in Asien bestimmen die Schlagzeilen. Der Kommentar zur politischen Lage ist natürlich von jemandem geschrieben, der nicht seine Ansichten teilt, und bringt ihn auf die Palme. Beim Bunten aus aller Welt auf der letzten Seite ärgert er sich über die Geltungssucht der Stars und Sternchen.

Missmutig kommt er im Büro an und verschlechtert seine Laune weiter durch den Blick auf sein E-Mail-Postfach. Warum kann nicht endlich jemand etwas gegen die unerwünschten Werbemails tun? Weshalb ist die Nachricht, die er gestern verschickt hat, wieder zurückgekommen? Und warum ist die einzige Mail, die er zum Weiterarbeiten braucht, noch nicht eingetroffen?

Jetzt hätte Tim etwas Aufmunterung nötig, doch stattdessen klingeln Handy und Festnetztelefon gleichzeitig. Sein Blutdruck steigt, die Laune sinkt. So geht es den ganzen Tag lang weiter, bis er nicht mehr weiß, wo ihm der Kopf steht und er den Feierabend herbeisehnt.

Erschöpft zu Hause angekommen, startet er seinen PC, um zur Entspannung ein bisschen im Internet zu surfen. Natürlich bleibt er wieder bei den Internetauktionen hängen. Er ärgert sich darüber, dass er im Auktionsfieber ein viel zu hohes Angebot abgegeben hat. Inzwischen weiß er nämlich durch seine Recherche bei einem anderen Internethändler, dass er die gebrauchte Ware dort zum halben Preis hätte neu bekommen können.

Da Tim jetzt die Nase endgültig voll hat, schaltet er den Computer aus und den Fernseher ein und landet prompt in einer Fernsehdiskussion über PISA und die Folgen. Nach den dort geschilderten Schreckensszenarien über die Bildungsdefizite bei Kindern und Jugendlichen platzt ihm der Kragen. Warum wird heute nicht mehr richtig erzogen? Was sollen die lebensfernen Lehrpläne? Und warum wird immer an der Bildung gespart?

Vielleicht hilft es ja, umzuschalten. Doch das ist wie immer ein Trugschluss: Er regt sich fürchterlich über Musiksendungen auf, die nicht seinen Geschmack treffen. Den laufenden Spielfilm hat er schon dreimal gesehen. In einer Wissenschaftssendung wird ihm mithilfe neuester dreidimensionaler Computeranimation plastisch vor Augen geführt, dass wir bei einem weiteren Abschmelzen der Polkappen wohl bald unterhalb des Meeresspiegels wohnen werden. Und dann bringt auch noch der Nachrichtenkanal ein Special über die unausweichlichen Bedrohungen durch den internationalen Terrorismus.

So geht Tims Tag zu Ende. Ein Blick auf die Uhr bestätigt, dass sein Ausflug in die modernen Medienwelten ihm nicht nur die Stimmung vermiest, sondern ihn auch noch wertvolle Schlafzeit gekostet hat. Tim reibt sich die übermüdet die Augen und der *digitale Depp* freudestrahlend seine Hände.

 ## Wirksame Gegenzauber zur Abwehr des digitalen Deppen

Wenn man über Gegenzauber zur Abwehr des *digitalen Deppen* nachdenkt, kommt man recht schnell zu der nächstliegenden Lösung, nämlich: »Knopf drücken, Gerät aus!«

Sicherlich haben auch Sie diese Möglichkeit schon mehr als einmal – zumindest gedanklich – durchgespielt, es funktioniert aber leider nicht so einfach, wie es sich anhört. Die Widerstände gegen eine komplette Abschottung von allen medialen Einflüssen sind einfach zu groß. Und das hat seinen Grund.

Wie bereits erläutert, sind Menschen als soziale Wesen sehr empfänglich für Neuigkeiten, Klatsch, Tratsch und Geschichten. Wichtig für Sie ist es, zu unterscheiden, wann Sie tatsächlich einem echten Informationsbedürfnis nachgehen und wann Sie einfach einmal von fremden Emotionen geschüttelt werden wollen.

Heute haben wir das Problem, dass wir uns den ganzen lieben Tag lang erschüttern lassen können, ohne dass dies irgendwelche Konsequenzen für unseren Alltag hätte. Die Scheidung eines prominenten Paares hat doch nicht tatsächlich Einfluss auf unsere Partnerschaft. Die Spiel- und Alkoholsucht eines B-Promis wird unsere Familie nichts ins finanzielle Desaster reißen. Und der Vulkanausbruch am Ende der Welt wird nicht zu einem Ascheregen auf unser Haupt führen.

Bitte verstehen Sie uns richtig: Wir müssten uns tatsächlich Asche aufs Haupt streuen, wenn Nachrichten über Katastrophen, Chaos und Leid uns völlig kalt ließen. Es geht uns aber vorrangig darum, dass Sie erkennen, dass es ein Unterschied ist, ob man sich informiert oder ob man sich emotionalisiert. Und hier liegen das Problem und die Lösung zugleich. Moderne Medien sind hauptsächlich auf

Emotionalisierung aufgebaut, das gilt insbesondere für alle visuellen Medien wie Fernsehen, Internet und Illustrierte. Wenn man nicht aufpasst, liefert man sich mit diesen Medien dem *digitalen Deppen* aus. Statt uns einen Erkenntnisgewinn zu bringen, stürzen sie uns in Betroffenheit und Gefühlsverwirrungen.

Schützen Sie also Ihr emotionales Gleichgewicht vor den Angriffen des *digitalen Deppen*. Sind Sie ohnehin schon in gedrückter Stimmung, sollten Sie sich vielleicht nicht gerade mit einem Bericht über die Grauen des Zweiten Weltkrieges endgültig aus der Fassung bringen lassen. Wenn Sie sich am Arbeitsplatz ungerecht behandelt fühlen, sollten Sie Ihre aufsteigende Wut nicht gerade mit einem Beitrag über die kalte Abzockermentalität global agierender Konzerne weiter anfachen. Und wenn Sie sich nicht fit fühlen, sollten Sie sich nicht durch Gesundheitssendungen, die über exotische Krankheiten berichten, zusätzlich verunsichern lassen.

Sie bekommen durch die Medien durchaus Informationen. Viel zu oft werden diese aber nicht nüchtern dargestellt, sondern bewusst aufgebauscht, übertrieben und dramatisiert. Dies ist für uns – als erfahrene Beobachter des Gute-Laune-Diebstahls – nicht überraschend, denn der treueste Begleiter des *digitalen Deppen* ist nun einmal der *Jammer-Junkie*. Diese beiden Gute-Laune-Diebe setzen darauf, dass schlechte Nachrichten von Menschen bevorzugt aufgenommen werden, und das machen sie sich absichtlich zunutze.

Vorteil für Sie: Die Gegenmaßnahmen im Umgang mit dem *Jammer-Junkie* lassen sich auf den Umgang mit dem *digitalen Deppen* übertragen. Es hilft auch hier, sich einen spielerischen Umgang mit diesem Gute-Laune-Dieb anzugewöhnen. Bewährt hat sich dabei der innere Kommentator. Sie können für sich mit einer inneren Stimme kommentieren, was Sie sehen oder hören, beispielsweise so: »Oh Mann, die drücken aber wieder mit Vollgas auf die Tränendrüse bei diesem Beitrag!« oder »Da hat die Quote aber mal wieder blutige Nahaufnahmen diktiert« oder »Komisch, dass Menschenwürde nur in sonntäglichen Polittalkshows einen Stellenwert hat, aber nicht bei der Befragung von Augenzeugen tragischer Ereignisse.«

Grundsätzlich sollten Sie sich darüber im Klaren sein, dass viele Medien davon leben, dass ihre Berichte negative Emotionen hervorrufen. Das gehört nun einmal zum Geschäft. Sie selbst brauchen aber auch gute Nachrichten, und die werden Ihnen nur im Ausnahmefall frei Haus geliefert. Es lohnt sich aber durchaus, aktiv nach positiven Meldungen zu suchen. Dies setzt eine gezielte Auswahl von Informationsquellen voraus. Auf diese Weise bestimmen Sie selbst, welche Nachrichten in Ihr Leben kommen und dort Wirkung entfalten und welche nicht.

Der *digitale Depp* macht uns das moderne Leben aber nicht nur durch die Emotionalisierung schwer, der er uns ständig aussetzt, sondern auch durch die Informationsflut, mit der er uns täglich überschwemmt. Ein Vorteil der modernen Medien verkehrt sich dabei nämlich schnell in einen Nachteil. Wer zu jedem Thema unzählige Informationen abfragen kann, ist irgendwann verunsichert. Das führt dazu, dass man eigene Entscheidungen nachträglich überkritisch sieht.

So etwas passiert ständig: Gerade hat man ein neues Handy im Internet bestellt und sieht es zwei Tage später in einem Geschäft günstiger. Auch wer sich gerade einen neuen PC gekauft hat, muss oft feststellen, dass er nur kurze Zeit später das gleiche Modell mit einem schnelleren Prozessor und einer noch größeren Festplatte zum gleichen Preis hätte erwerben können. Und wer nach langem Zögern endlich die teure Lieblingssonnenbrille gekauft hat und damit eigentlich sehr zufrieden ist, sieht plötzlich in einem Lifestylemagazin, dass in der nächsten Saison ganz andere Formen und Farben angesagt sein werden.

Wenn Sie in solchen Situationen anfangen, sich fürchterlich über sich selbst zu ärgern, sind Sie auf den *digitalen Deppen* hereingefallen. Einem die eigenen Entscheidungen im Nachhinein madig zu machen, ist nämlich eine weitere bewährte Masche dieses Gute-Laune-Diebes. Er kann sich darauf verlassen, dass in den Medien die Information von heute morgen schon der Schnee von gestern ist. Damit schafft er es immer wieder, dass wir uns über uns selbst ärgern, es sei denn, wir durchschauen dieses niederträchtige Ansinnen.

Vergegenwärtigen Sie sich daher, dass eine Entscheidung immer eine Momentaufnahme ist. Seien Sie stolz auf sich, dass Sie überhaupt entschieden haben und nicht völlig unentschlossen im Leben herumirren. Auch dass Sie sich manchmal überlegen, ob eine bereits getroffene Entscheidung richtig war, spricht für Sie! Zeigen Sie dem *digitalen Deppen* Ihre Entschlussfreude und verbannen Sie ihn – zumindest kurzfristig – mit einem gezielten Knopfdruck aus Ihrem Leben, wenn er anfängt zu nerven. Oder anders ausgedrückt: Gucken Sie lieber einmal zu viel aus dem Fenster als zu oft in den Fernseher!

Bezwingen Sie den Routine-Raffke

Der *Routine-Raffke* täuscht Geborgenheit vor:
Damit Sie durch die spannende Welt nicht verwirrt
werden, legt er Ihnen Scheuklappen an.

Kommen wir zum Letzten unserer sieben Gute-Laune-Diebe, dem *Routine-Raffke*. Der *Routine-Raffke* hat ein einfaches Weltbild: »Es ist nun einmal, wie es ist, und deswegen hat es auch so zu bleiben!« Veränderung, Neuerung und Abwechslung sind ihm ein Graus, er möchte, dass alles immer in den gleichen Bahnen verläuft. Und diese Einstellung erwartet er auch von uns. Alles, was auch nur einen Hauch von Kreativität, Fantasie oder Flexibilität verlangt, lehnt der *Routine-Raffke* rundweg ab. Damit lähmt er unsere Neugier, unsere Entdeckerlust und unseren Spaß am Ausprobieren. Wenn der *Routine-Raffke* ausschließlich sich selbst in sein enges Korsett aus Wiederholung, Gleichförmigkeit und Langeweile presste, wäre dies nicht weiter schlimm. Problematisch ist aber, dass er ständig versucht, auch uns in die Tretmühle der Monotonie zu zwängen.

Bitte keine Experimente

Ständig wiederkehrende Abläufe sind das Lebenselixier des *Routine-Raffke*s. Von Ungewohntem, Anderem oder Neuem fühlt er sich prinzipiell bedroht. Die Vorstellung, selbst handeln, gestalten und womöglich auch noch entscheiden zu müssen, jagt dem *Routine-Raffke* Angst ein. Er igelt sich lieber in Gewohnheiten, Sitten und Traditionen ein, um sich Veränderungen nicht stellen zu müssen. Daher neigt er auch dazu, vergangene Zeiten zu glorifizieren.

Seiner Überzeugung nach herrschten früher absolut paradiesische Zustände. Das Leben war hart, aber der Alltag verlässlicher. Es gab weniger Entscheidungsfreiheit, aber mehr Zufriedenheit. Die Handlungsspielräume waren beschränkter, aber dafür herrschten klare Regeln. Man wusste, woran man sich zu halten hatte und gab sich seinem gleichförmig ablaufenden Leben hin.

Verräterisch sind die Lieblingswörter des *Routine-Raffkes*, sie heißen beispielsweise »früher«, »bewährt«, »noch nie«, aber auch »immer schon«. Er hält uns beispielsweise bei der Arbeit vor: »Früher gab es auch keine Projektgruppen, dennoch hat die Arbeit funktioniert« oder »Das ganz klare Verantwortungsprinzip hat sich doch bewährt, da brauchen wir nicht dran rütteln.« Im Privatleben kontert er zum Beispiel: »Das gab es ja noch nie, wieso sollen die Kinder jetzt auf einmal einen Tag in der Woche im Wald spielen? Wo bleibt denn da die verlässliche Struktur?« oder »Weihnachten gab es doch immer schon Gans, wieso willst du denn jetzt auf einmal Fondue machen?«

Trifft er auf Widerspruch, wird er in seiner Verherrlichung der verlässlichen Routine nur umso verbissener. Er will sich nicht mit dem Hier und Jetzt und auch nicht mit uns auseinandersetzen. Was er uns im Grunde sagt: »Wenn hier jeder macht, was er will, geht alles im Chaos unter. Deswegen hat alles so zu laufen, wie *ich* es schon immer gemacht habe!«

Diese Vorwurfshaltung legt der *Routine-Raffke* nur dann ab, wenn er mit Gleichgesinnten ungestört die Vorzüge von klaren Regeln, eindeutigen Vorschriften und festen Vorgaben beschwören kann. Differenzierte Betrachtungen finden dabei nicht statt, veränderte Rahmenbedingungen spielen keine Rolle, und die Anforderungen der Zukunft werden sowieso ausgeblendet. In verklärter Runde fühlt sich der *Routine-Raffke* sicher und gut aufgehoben und kann sich dabei auch noch als Vorbild an Verlässlichkeit darstellen. Dank seiner routinierten Vorgehensweise hat er – zumindest in seiner Fantasie – alles im Griff und weiß jede Herausforderung auf bewährte Weise zu meistern.

Sobald wir den *Routine-Raffke* aber aus seiner Selbstbeweihräucherung herausbitten, kann er sehr unleidlich werden. Alles, was auch nur den kleinsten Anschein einer Veränderung, einer Umstellung oder einer Abwechslung hat, wird von ihm generell abgelehnt. Wenn der *Routine-Raffke* spürt, dass er seine lieb gewonnene Eintönigkeit verlassen muss, wird er uns zunächst passiv abblocken und dann aktiv sabotieren.

Mit seiner Sturheit würgt der *Routine-Raffke* jede Diskussion über neue Wege, denkbare Alternativen und besseres Vorgehen ab. Doch nicht nur das: Er gibt uns zusätzlich noch das schlechte Gefühl, dass wir ständig auf dem Holzweg sind, wenn wir etwas anders machen möchten als bisher. Jede Veränderung führt seiner Überzeugung nach direkt ins Chaos. Daher wird er uns das Leben so lange schwer machen, bis alles wieder im gewohnten Trott versackt.

Der Fluch der Gewohnheit

Auch der *Routine-Raffke* kennt die menschliche Natur genau. Gleichmäßig wiederkehrende Handlungen haben durchaus etwas Beruhigendes. Man weiß, wie die Dinge laufen und muss nicht jedes Mal von vorne anfangen, um sich eine Meinung zu bilden. Es ist mühsam und zeitaufwändig, bei jeder Entscheidung von neuem Argumente zu sammeln, Meinungen auszutauschen und Konsequenzen abzuwägen. Routine bietet hier Abhilfe, sie macht viele Vorgänge verlässlich und planbar. Man kann viele Dinge erledigen, ohne viel nachdenken zu müssen. Nicht umsonst gibt es Sitten, Gebräuche und Gewohnheiten, die den Alltag erleichtern. Daher neigen viele Menschen dazu, zumindest einen Teil ihres Alltags routiniert abzuwickeln.

Aber natürlich wünschen sich die meisten von uns auch Freiräume, um Neues zu entdecken, Dinge auszuprobieren und Spaß an der Abwechslung zu haben. Und genau das will uns der *Routine-Raffke* nehmen. Denn ihm geht es nicht darum, uns mit sinnvoller Routine das Leben leichter zu machen, sondern uns mit zwanghafter Routine die gute Laune auszutreiben. Er will uns in allen Lebensbereichen in trübe Monotonie locken.

Machen wir uns nichts vor: Der *Routine-Raffke* ist ein Neurotiker, der zwanghaft das immer gleiche Programm durchzieht. Warum er etwas tut oder nicht, ob sein Verhalten noch angemessen ist oder schon längst überholt, interessiert ihn nicht wirklich. Er hat sich zu irgendeinem Zeitpunkt seines Lebens in ein Korsett von starren Regeln gezwängt, nach denen er sich auch heute noch verhält.

Ihm selbst ist überhaupt nicht bewusst, ob er die Regeln aus eigener Erfahrung gewonnen hat oder ob er unreflektiert Maßstäbe anderer übernommen hat. Daher ist die Neigung des *Routine-Raffke*, der Konvention Vorrang zu geben, auch sehr groß. Er klammert sich mit Vorliebe an Maximen wie: »Das haben wir schon immer so gemacht!«, »Es gehört sich einfach nicht!« oder »Lieber bewährt statt verkehrt!«

Das Leben des *Routine-Raffke* verläuft in einer Endlosschleife. Weiterentwicklung findet bei ihm schon längst nicht mehr statt. Er ist an irgendeinem Punkt in der Vergangenheit stehen geblieben, und seit dieser Zeit läuft sein Leben als Dauerwiederholung. Veränderung ist ihm daher an sich ein Gräuel. Und nicht nur das, er will auch sein Umfeld mit aller Macht daran hindern, neue Horizonte zu entdecken.

Natürlich haben wir etwas Mitleid mit dem *Routine-Raffke*, denn irgendjemand wird vor langer Zeit dafür gesorgt haben, dass er nur in ständig wiederkehrenden Handlungen Halt findet. Man hat ihm konsequent die Neugier ausgetrieben. Wo andere aufgefordert wurden, sich einmal selbst auszuprobieren, sich an Grenzen heranzutasten und sich auch ungewohnten Situationen zu stellen, wurde ihm ein einengendes Regelwerk übergestülpt. Und auf die Idee, das Korsett aus Zwängen, Vorschriften und Gewohnheiten zu sprengen oder wenigstens ein bisschen zu lockern, ist der *Routine-Raffke* bis heute nicht gekommen. Routine bestimmt nun sein Leben, und am liebsten sähe er es, wenn auch wir uns seiner Routine unterwürfen.

Der *Routine-Raffke* wirkt auf den ersten Blick harmlos, wenn auch etwas schrullig. Wir lächeln hinter seinem Rücken über ihn, wenn er bei Arbeitsbeginn erst einmal seine Stifte mit dem Lineal auf dem Schreibtisch ausrichtet, stets sekundengenau in die Frühstückspause geht und jedes Jahr die gleichen Urlaubsgeschichten erzählt, da er als echter *Routine-Raffke* eben auch jedes Jahr zur gleichen Zeit im gleichen Zimmer des gleichen Hotels am gleichen Ort Urlaub macht. Dennoch möchten wir Sie ausdrücklich vor der Gefährlichkeit des *Routine-Raffke*s warnen!

Aufgrund seines zwanghaften Verhaltens ist der *Routine-Raffke* nämlich ein Meister des »mehr desselben«-Prinzips. Und die Auswirkungen für Sie können fürchterlich sein, wenn der *Routine-Raffke* es schafft, Ihnen dieses Prinzip einzuimpfen. Das »mehr desselben«-Prinzip beruht darauf, dass man bei auftauchenden Problemen mit dringendem Handlungsbedarf nicht neue Wege geht, um das Problem zu lösen. Stattdessen werden die Handlungen wiederholt, die überhaupt erst zum Problem geführt haben – und zwar nicht nur einmal, sondern gleich dutzendfach und in gesteigerter Intensität.

Stürzt beispielsweise der PC am Arbeitsplatz einmal im Monat ab, ist ein Neustart sicherlich eine geeignete Lösung für das PC-Problem. Stürzt der PC aber dreimal täglich ab, sollte man den Neustart durchführen, gleichzeitig aber auch andere Lösungsmöglichkeiten ins Auge fassen. Spätestens wenn der PC alle fünf Minuten abstürzt, ist es nicht mehr sinnvoll, ihn immer wieder hochzufahren, nur damit er kurz darauf wieder abstürzt. Dann wäre man nämlich in der »mehr desselben«-Falle gefangen. Irgendwann muss man einen neuen Weg gehen, beispielsweise einen Arbeitskollegen um Rat fragen, einen Techniker herbeirufen oder neue Software installieren.

Was im PC-Beispiel noch ohne weiteres einleuchtet, ist bei komplexeren Problemen oft nicht mehr so leicht zu erkennen. Schnell ist man dann dem *Routine-Raffke* ausgeliefert. Denn er sorgt dafür, dass man sich bei erfolglosen Bemühungen am Arbeitsplatz oder im Privatleben nur noch tiefer verstrickt. Mit Floskeln wird er uns auffordern, uns »richtig reinzuknien«, »härter« zu arbeiten oder »mehr Einsatz« zu zeigen. Dabei geht es ihm aber nicht gar nicht um eine Problemlösung mithilfe neuer Ideen oder anderer Vorgehensweisen. Er will, dass wir das, war wir schon die ganze Zeit erfolglos getan haben, weiterhin tun – nur eben häufiger.

Damit drehen wir uns dann genauso wie er im Kreis. Eine Lösung ist nach wie vor nicht in Sicht, neue Alternativen kommen uns gar nicht in den Sinn. Erschöpft von den Anstrengungen und frustriert vom Misserfolg verlieren wir auch noch unseren letzten Funken guter Laune.

Erstarrt in Routine

Nicht nur am Arbeitsplatz, sondern auch in Partnerschaften ist der *Routine-Raffke* ein gefürchteter Gute-Laune-Dieb.

Die Vorhersehbarkeit seiner Handlungen mag zunächst noch Geborgenheit versprechen; schnell jedoch erstarrt die Partnerschaft in unsinnigen Ritualen. Das folgende Beispiel illustriert es: Wer sich dem *Routine-Raffke* vollständig ausliefert, gibt damit auch seine Lebendigkeit, Spontaneität und Kreativität aus der Hand.

Beispiel: Die lähmende Kraft der Gewohnheit

Seit Axel im Bann des *Routine-Raffkes* steht, weiß er, wie man durchs Leben kommt: Er hat feste Vorstellungen und klare Regeln, die seinen Tagesablauf bestimmen und ihn vor unliebsamen Überraschungen schützen. Aus seiner Sicht bringt er sich in seine Partnerschaft voll ein und hat immer ein offenes Ohr für die Wünsche und Bedürfnisse seiner Freundin Nicole.

Als in ihm am Freitagmittag im Büro eine leichte Vorfreude auf das Wochenende aufflackert, verplant er die beiden vor ihm liegenden freien Tage sogleich im Sinne vertrauter Harmonie, denn eine solche Gefühlsregung muss selbstverständlich in geordnete Bahnen gelenkt werden.

Voll ergriffen von seiner Wochenendplanung begrüßt Axel seine Nicole im Wohnungsflur mit den Worten: »Du weißt doch, dass der erste Garderobenhaken für meinen Mantel vorgesehen ist, wärst du bitte so lieb, deinen Schal woanders hinzuhängen?« Die im Umgang mit Axel erfahrene Nicole verliert nicht viele Worte, sondern erfüllt seinen Wunsch – um des lieben Friedens willen – sogleich kommentarlos.

Anschließend geht sie in die Küche, um sich den gewohnten Feierabendtee zu brühen. Währenddessen startet Axel schon energisch in das Wochenende: Auf dem Wohnzimmertisch ordnet er die Post der Woche nach einer fein ausgeklügelten Systematik. So kann Nicole nach der gemütlichen halben Stunde Teepause die Schriftstücke ordnungsgemäß abheften, während er die Tageszeitungen nach Datum sortiert zum Altpapier bringen wird.

Leider schleicht sich etwas Disharmonie in die friedvolle Abendstimmung ein, da Axel die Donnerstagsausgabe der Zeitung einfach nicht finden kann und sich in ihm alles dagegen sträubt, einen unvollständigen Wochensatz Zeitungen zu entsorgen. Auch Nicoles beschwichtigende Worte »Die taucht schon noch auf, wir können sie ja auch ausnahmsweise einmal einzeln wegwerfen«, können Axel nicht beruhigen. Verbissen macht er sich auf die Suche.

Er stöbert in der ganzen Wohnung herum, bis alles auf dem Kopf steht, muss allerdings feststellen, dass die Donnerstagsausgabe verschwunden bleibt. Nun ist es doch Zeit für ein paar ernste Worte an Nicole: »Liebe Nicole, du weißt doch, dass wir die Zeitungen immer auf den Beistelltisch neben der Couch legen, damit alles beisammen bleibt. Ich möchte dich bitten, in Zukunft etwas genauer auf unsere Vereinbarungen zu achten. Dann hätten wir es beide viel leichter.«

Nicole erträgt diese Gardinenpredigt gelassen, wenn auch mit einem leichten Augenrollen. Dann reicht sie Axel wortlos die Donnerstagsausgabe der Zeitung, die sich unter seinem Poststapel versteckt hat.

Wenig später hält Axel es für seine Pflicht, seine geliebte Nicole auf die nächsten beiden Tage einzustimmen, Freiräume wollen schließlich sinnvoll genutzt werden: »Du weißt doch sicherlich, dass wir morgen unsere Einkäufe erledigen möchten. Hast du denn schon deinen Entwurf der Einkaufsliste fertiggestellt? Ich möchte nämlich nicht unnötige Umwege fahren und Zeit in den Läden vertrödeln. Am Abend können wir es uns dann ja richtig gemütlich machen, es gibt doch wieder diese Quizshow im Fernsehen.«

Der vorsichtig vorgebrachte Einwand von Nicole, dass man am Samstagabend doch einmal ausnahmsweise ins Kino gehen könne, wird von Axel routiniert abgeschmettert: »Liebe Nicole, der Grund, warum wir uns eine Programmzeitschrift leisten, ist doch der, dass dadurch überhaupt erst eine rechtzeitige Planung möglich wird. Ich habe dir doch schon vor fünf Tagen mitgeteilt, dass ich diese Quizsendung für uns ausgewählt habe, weil du die immer so gerne siehst.«

Die Entgegnung von Nicole, dass ein befreundetes Paar den Kinoabend und einen anschließenden Kneipenbummel angeregt hat, stößt bei Axel auf Unverständnis. Er teilt Nicole mit: »Liebste, ich finde, dass ein Abend in der Woche der Partnerschaft gehören sollte. Und das war und ist bei uns nun einmal der Samstag. Du weißt doch, dass ich am Sonntagabend immer früh zu Bett gehe, um erholt in die neue Woche zu starten. Und der heutige Freitagabend ist auch nicht geeignet, da wir uns ja schon geeinigt haben, dass wir jetzt erst einmal das gemeinsame Wochenende planen.«

Und wieder einmal verzichtet Nicole auf eine Erwiderung, allerdings zum letzten Mal. Sie packt schweigend ihren Koffer, und das Letzte, was Axel von ihr hört, ist das leise Klacken der Wohnungstür.

Wirksame Gegenzauber zur Abwehr des Routine-Raffkes

Glücklicherweise muss man im Umgang mit *Routine-Raffkes* nicht immer in der gleichen drastischen Weise reagieren wie in unserem soeben dargestellten Beispiel. Sie müssen also weder ständig duldsam und passiv sein noch zur Ultima Ratio der Flucht greifen.

Grundsätzlich gilt die gleiche Strategie wie beim Umgang mit allen Gute-Laune-Dieben: Sie werden scheitern, wenn Sie versuchen, das Weltbild des *Routine-Raffkes* auf den Kopf zu stellen. Eingefleischte Gewohnheitstiere werden Sie nicht zu spontanen Zeitgenossen umerziehen können. Sie werden also den *Routine-Raffke* nicht ändern können, sondern nur Ihre Reaktionen auf ihn.

Solange ein *Routine-Raffke* nur etwas schrullig ist und seinen lieb gewonnenen Gewohnheiten nachhängt, dürfen Sie ruhig nachsichtig sein und in sich hinein schmunzeln. Das Schmunzeln ist übrigens ein guter Test für Sie: Solange Ihnen die Skurrilität des *Routine-Raffkes* noch ein Lächeln entlockt, ist im Großen und Ganzen alles in Ordnung.

Problematisch wird die Sache aber, wenn Ihnen das Lachen im Hals stecken bleibt. Und das wird immer dann der Fall sein, wenn ein *Routine-Raffke* Sie sämtlicher Handlungsspielräume berauben will. Dann müssen Sie gegenhalten, was natürlich dosiert geschehen kann. Wehren Sie aber schon den Anfängen!

Hält Ihnen ein *Routine-Raffke* beispielsweise vor: »Das geht so nicht, wir machen das immer anders!«, könnten Sie einfach entgegnen: »Das geht doch, weil *wir* das immer *so* machen!« Begeben Sie sich nicht auf das Glatteis der Diskussionen. Berufen Sie sich einfach genauso auf Gewohnheiten und Gepflogenheiten wie der *Routine-Raffke*. Es wird dem *Routine-Raffke* vielleicht nicht gefallen, dass Sie seine Regeln nicht widerspruchslos akzeptieren. Aber er wird Ihnen dafür Respekt entgegenbringen, dass Sie – vorgeblich – in einem ebenso starren Regelwerk leben wie er selbst.

Etwas aufwändiger, aber ebenfalls bewährt ist es, aus der Vorstellungswelt des *Routine-Raffkes* heraus zu argumentieren und ihn so auf eine falsche Fährte zu locken. Im Berufsalltag könnte dies so aussehen: Sobald Sie feststellen, dass bei einem *Routine-Raffke* in Ihrem beruflichen Umfeld Widerstand gegen Neuerungen und Veränderungen aufkommt, betonen Sie einfach, dass doch nur »neue Routinen« eingeführt werden. Und dafür können Sie Statements dieser Art einsetzen: »Die Geschäftsleitung erwartet von uns eine routinierte Umsetzung der neuen Vorgaben, deshalb müssen wir aktiv werden« oder »Der Personalabteilung geht die Unruhe in unserer Abteilung gegen den Strich, wir müssen unbedingt neue Routinen etablieren.«

Auch der Verweis auf Autoritäten ist gut geeignet, um sich einen spielerischen Umgang mit dem *Routine-Raffke* anzugewöhnen. Setzen Sie einen treuherzigen Blick auf, und verweisen Sie einfach auf »renommierte amerikanische Wissenschaftler« oder »Forschungsergebnisse aus neuesten Studien«. Scheuen Sie sich nicht davor, bei Unmutsäußerungen des *Routine-Raffkes* Ihre Argumente elegant aus der Luft zu greifen. Im Privatleben könnten Sie folgendermaßen vorgehen: »Ich weiß ja, wie wichtig es dir ist, dass die Zahnbürsten mit dem Kopf nach unten im Zahnputzbecher stehen. Aber anerkannte amerikanische Hygieneforscher haben herausgefunden, dass nur mit dem Kopf nach oben stehende Zahnbürsten richtig abtrocknen und somit keimfrei werden können.«

Manchmal kann es richtig Spaß machen, den unvermeidlichen Kontakt mit einem *Routine-Raffke* für sich selbst als forderndes Kreativitätstraining zu gestalten. Denken Sie sich doch einmal fantasievolle Geschichten wie diese aus: »Ich weiß ja, dass du es nicht schätzt, wenn nachmittags ferngesehen wird, aber neueste Studien haben gezeigt, dass es für uns genauso wie für unsere Vorfahren wichtig ist, bei Tageslicht menschliche Gesichter zu sehen. Dagegen sollte nach Einbruch der Dunkelheit besser nicht mehr ferngesehen werden, da bei unseren Vorfahren nach Sonnenuntergang Dunkelheit herrschte.«

Sie merken, dass eine gewisse »Pseudoplausibilität« ganz wichtig für die Wirkung Ihrer Argumente beim *Routine-*

Raffke ist. Bei derart kreativen Einflussnahmen hat es sich darüber hinaus bewährt, mit fester Stimme zu sprechen und den direkten Blickkontakt zu suchen. Sollte dies den *Routine-Raffke* nicht ausbremsen und von ihm tatsächlich einmal eine Nachfrage kommen, wer denn »die amerikanischen Wissenschaftler« seien oder wer die »neueste Studie« verfasst habe, halten Sie Ihren Kurs unbeirrt bei: »Na, die Wissenschaftler von dieser bekannten amerikanischen Eliteuniversität« oder »Natürlich das Max-Planck-Institut, das ist ja schließlich weltweit anerkannt.« Spätestens zu diesem Zeitpunkt knickt der *Routine-Raffke* endgültig ein. Es wäre ja auch zu schlimm, wenn er jetzt seine gewohnte Routine durchbrechen müsste, nur um Ihre Aussagen mit viel Aufwand und Eigeninitiative zu überprüfen.

Die Routine ist eindeutig der Schwachpunkt des *Routine-Raffke*s, also können Sie an dieser Stelle jederzeit ansetzen. Haben Sie beispielsweise einen *Routine-Raffke* im direkten Kollegenkreis, sorgen Sie dafür, dass sich an Ihrem Arbeitsplatz ständig etwas ändert. Stellen Sie in der einen Woche einen Glücksbringer auf Ihren Schreibtisch, in der nächsten ein Foto Ihrer Liebsten und in der übernächsten eine kitschige Plastikblume. Hängen Sie öfter einmal ein neues Poster an die Wand, stellen Sie die Blumen auf der Fensterbank regelmäßig um, oder wechseln Sie ständig den Bildschirmschoner auf Ihrem Monitor. Diese Unruhe wird den *Routine-Raffke* völlig in Beschlag nehmen. Seine Gedanken werden unablässig um die ständigen Veränderungen kreisen. Er wird irritiert und damit abgelenkt sein. Um dennoch seine eigene Routine aufrechtzuerhalten, muss er zusätzliche Energien mobilisieren. Dadurch kann er sich weniger mit Ihnen beschäftigen, und Sie können in aller Ruhe Ihre Arbeit machen.

In der Freizeit kann der bewusste Kontakt zu einem *Routine-Raffke* sogar mehr Segen als Fluch sein, insbesondere dann, wenn Sie Ihre eigene Trägheit gezielt überwinden möchten. Wer sich beispielsweise ein regelmäßiges Joggingprogramm verordnet hat, kann einen *Routine-Raffke* durchaus gebrauchen. Dieser lässt sich nämlich weder von wechselnder Witterung, Stimmung oder Tagesform davon abhalten, einen fest vereinbarten Trainingstermin auch durchzuziehen. Der *Routine-Raffke* wird selbst bei strömendem Regen pünktlich an Ihrer Haustür klingeln, um freundlich, aber bestimmt auf die Einhaltung Ihrer Trainingsverpflichtung zu drängen. Wenn Sie den Lauf dann aufgrund seines unermüdlichen Antreibens doch noch angetreten und erfolgreich hinter sich gebracht haben, werden Sie sich bestimmt besser fühlen. Und in diesem seltenen Fall dürfen Sie dem *Routine-Raffke* für seine konsequente Unerbittlichkeit vielleicht sogar ein kleines bisschen dankbar sein.

Und, was haben Sie nun davon?

Sie kennen jetzt die sieben gefährlichsten Gute-Laune-Diebe, wissen, wie sie sich ihren Opfern nähern, welcher abgefeimten Taktiken sie sich dabei bedienen und wie sie versuchen, anderen die Lebenslust vollständig auszutreiben. Glücklicherweise haben wir Ihnen aber auch erläutert, wie Sie Angriffe auf Ihre gute Laune und Ihren Wohlfühlfaktor abwehren und ins Leere laufen lassen können. Und wenn Sie sich stark genug fühlen, können Sie Gute-Laune-Diebe sogar mit ihren eigenen Waffen schlagen. Aber was haben Sie nun eigentlich davon?

Eine spannende Welt wartet auf Sie

Oft ist es so, dass wir offen und unbedarft auf uns unbekannte Menschen zugehen, weil wir neue Kontakte knüpfen möchten. Denn als soziales Wesen ist der Mensch von Natur aus eher neugierig und am Austausch mit anderen grundsätzlich interessiert. Manchmal entwickelt sich der Small Talk aber unverhofft in eine Richtung, die uns gar nicht gefällt. Wir spüren dann immer stärker, dass wir uns unwohl fühlen, und am liebsten möchten wir auf der Stelle Reißaus nehmen. Diese Gefühle sind durchaus ernst zu nehmen. Denn dann sind wir ganz offensichtlich auf einen bösartigen Gute-Laune-Dieb gestoßen, der alles daransetzen wird, uns die gute Stimmung durch seine destruktive Art zu vermiesen.

Unser Wunsch ist es, dass Sie künftig schneller als bisher erkennen, wenn Sie auf einen Stimmungstöter gestoßen sind. Dann können Sie im Einzelfall entscheiden, ob Sie schnell wieder auf Distanz gehen, Angriffen gekonnt ausweichen oder sinnlosen Grundsatzdiskussionen geschickt aus dem Weg gehen.

Und wer es sogar schafft, ruhig zu bleiben statt sich aufzuregen, oder sogar leicht zu schmunzeln, weil er schon ahnt, welche Show gleich geboten wird, kann den Gute-Laune-Dieb mit seinen eigenen Waffen schlagen. Also einem *Jammer-Junkie* eine todtraurige Geschichte erzählen, ein *Misstrauensmonster* in seiner überängstlichen Weltsicht bestätigen, einen *Besserwisser-Bösewicht* mit einer Plattitüde in die Schranken verweisen, ein *Ungeduldsungetüm* mit dem Hinweis auf dringende Termine richtig in Fahrt bringen, einen *abstrakten Abzocker* mit dem Verweis auf seine eigenen Sonntagsreden abblocken, einen *digitalen Deppen* mit emotional aufgebauschten Geschichten neutralisieren und einen *Routine-Raffke* in seinem starren Regelkorsett gefangen halten.

Unserer Erfahrung nach sind die meisten Menschen im Umgang mit Gute-Laune-Dieben viel zu verständnisvoll und leidensfähig. Sie hören freundlich zu, wenn man versucht, ihnen eine negative Weltsicht aufzuzwingen, sie bemühen sich, Gedankengänge nachzuvollziehen, deren Ziel nur Verwirrung ist, und sie lassen sich auf Diskussionen ein, die sich so lange im Kreis drehen, bis nur noch Verzweiflung und Ohnmachtsgefühle vorherrschen. Wir finden: Toleranz und Nachsicht ergeben im Umgang mit Gute-Laune-Dieben keinen Sinn! Denn denen geht es nicht darum, gemeinsam Spaß zu haben oder auf ein Ziel hinzuarbeiten, sondern negativen Emotionen unkontrolliert ihren Lauf zu lassen und in schlechten Gefühlen geradezu zu baden. Und dies ist einer guten Stimmung nicht besonders zuträglich.

Wichtig finden wir, dass Sie den Fehler für eine misslungene Kontaktaufnahme oder ein schlecht gelaufenes Gespräch nicht automatisch und nur bei sich selbst suchen. Gewöhnen Sie sich an die Vorstellung, dass es nun einmal Menschen gibt, die in Gesprächen nicht daran interessiert sind, Ihre Stimmung zu heben und für gute Gefühle zu sorgen, sondern vielmehr daran, Sie auf das gleiche trübe Niveau herabzuziehen, auf dem sie sich selbst tagtäglich bewegen.

Ganz verkehrt wäre es allerdings, wegen einiger schlechter Erfahrungen mit Gute-Laune-Dieben nun komplett den Rückzug anzutreten und vorsichtshalber allen Menschen erst einmal mit Skepsis zu begegnen, denn dann hätte Sie ja das *Misstrauensmonster* in den Fängen. Richtig spannend wird das Leben doch eigentlich erst, wenn wir mit vollen

Händen hineingreifen und bereit sind, uns die Geschichten, Ideen und Erlebnisse anderer Menschen anzuhören! Und dabei ist es nun einmal häufig unvermeidbar, dass wir den ersten Schritt tun und auf die uns bisher Unbekannten zugehen.

Daher sind wir im Laufe der Jahre zu der Grundüberzeugung gelangt, dass man Gute-Laune-Dieben einfach nicht entgehen kann, wenn man daran interessiert ist, neue Kontakte zu knüpfen. Wir sind aber bereit, diesen Preis zu zahlen, denn unter dem Strich lohnt sich der Einsatz: Die netten, interessanten, aufregenden und anregenden Menschen, die man bei vielen Gelegenheiten kennen lernen kann, wiegen die paar Gute-Laune-Diebe, mit denen man dabei notgedrungen ebenfalls in Kontakt kommt, allemal auf.

Am besten ist es, Gute-Laune-Diebe links liegen zu lassen. Aber es gibt auch Grenzfälle. Wenn Sie sich also nicht sicher sind, ob jemand schon hoffnungslos an die bösen Mächte der Welt verloren ist oder einfach nur eine Folge von ein paar schlechten Tagen hatte, dann können Sie auch jederzeit einen neuen Versuch der Kontaktaufnahme starten. Vorausgesetzt, Sie tun dies in dem klaren Bewusstsein, dass diese Beziehung noch nicht abschließend geklärt ist, Sie also mit allem rechnen müssen. Vielleicht schaffen Sie es ja sogar, einen noch Hin- und Hergerissenen mit einem fröhlichen Gegenzauber für das strahlende Wunderland der guten Gefühle zu begeistern, indem Sie ihm helfen, den Gute-Laune-Dieb abzuschütteln.

Wenn der Kontakt sich nicht vermeiden lässt

In bestimmten Situationen im Beruf, im Verwandtenkreis oder in der Freizeit lässt es sich nicht vermeiden, dass ein überwiegend fröhliches, harmonisches und produktives Miteinander durch einige – hoffentlich wenige – Exemplare der Gattung Gute-Laune-Dieb in Mitleidenschaft gezogen wird. Schließlich wäre es selbst im Paradies vermessen, darauf zu hoffen, dass man Bedenkenträgern, Panikmachern und Schwarzsehern ein für alle Mal entkommen sein könnte.

Zum einen gibt es nun einmal Menschen, deren Gefühlsleben erst dann aktiviert wird, wenn die dunklen Wolken der Sorgen, der Ängste und des Unheils am Horizont erscheinen. Und wir haben ja auch durchaus Verständnis dafür, wenn jemand nicht aus seiner bösen Haut kann. Allerdings legen wir keinen Wert darauf, uns den gleichen undurchdringlichen Schutzpanzer zuzulegen. Denn damit würden wir uns auch um das süße Gefühl der glücklichen Momente voller gelöster Stimmung, vergnügtem Treiben und lustvoller Albernheiten bringen.

Und zum anderen entspricht es wohl leider der Natur vieler Menschen, dass sie paradiesische Zustände nicht allzu lange aushalten können. Nicht erst in der heutigen Zeit ist der Typus des Gute-Laune-Diebes, der ständig das Haar in der Suppe sucht und natürlich über kurz oder lang auch findet, wohlbekannt.

Müssen Sie also am Arbeitsplatz, bei Freizeitvergnügungen in der Gruppe oder bei Familienfeiern damit rechnen, dass Gute-Laune-Diebe Sie in ihren Bann ziehen möchten, können Sie jetzt besser als früher gegensteuern. Sie wissen, worauf die miesen Spielchen abzielen und in welche Ecke man Sie drängen will. Und Sie wissen auch, wie Sie versuchten Gute-Laune-Diebstahl ignorieren, im Keim ersticken oder gegebenenfalls sogar den Spieß umdrehen und zum knackigen Gegenangriff übergehen können.

Es gibt nun einmal berufliche und private Situationen, in denen nicht Sie allein darüber entscheiden können, wer dazugehört und wer nicht. Aber auch hier würden wir nicht, wegen einiger schmerzhafter Scharmützel, die Flinte ins Korn werfen und einem einzelnen Gute-Laune-Dieb das Feld überlassen. Oft hilft es schon, verstärkt Kontakt zu denen suchen, die genauso wie Sie eher an einer positiven Sicht der Dinge interessiert sind, sich also mehr an angenehmen, aufbauenden, liebenswürdigen und unterhaltsamen Gesprächen erfreuen. Und diese Menschen lassen sich durchaus finden. Es gilt bei der Suche sehr genau hinzuschauen, zuzuhören und dann gezielt diejenigen auszuwählen, die Ihnen gut tun.

Im schlimmsten Fall hilft allerdings auch die Suche nach Gleichgesinnten nicht mehr weiter. Es gibt Arbeitsplätze, an denen das Klima einfach vergiftet ist, Vereine, bei denen Konkurrenz und Neid im Vordergrund stehen, und Bekannte oder sogenannte Freunde, die einfach mehr Spaß daran haben, Sie zu deprimieren als Sie aufzubauen. Dann sollte ein Schlussstrich gezogen werden. Jeder hat das Recht, so glücklich oder unglücklich zu leben, wie er es wünscht – das gilt aber auch für *Sie*! Kappen Sie die Kontakte zu denen, die Ihnen ständig die Freude am Leben nehmen wollen und alles dafür tun, damit Ihr persönliches Sternenhimmel-Glück aufhört zu leuchten.

Phasen der Veränderung verlangen zwar zusätzliche Anstrengungen von Ihnen, aber dieser Einsatz wird sich am Ende für Sie auszahlen. Sobald Sie ein Gefühl dafür bekommen haben, wer Ihnen gut tut und wer nicht, setzen Sie eine Eigendynamik der guten Laune in Gang. Und die Kraft dieser Positivspirale sollten Sie für sich nutzen. Worauf Sie dabei achten sollten, wollen wir Ihnen jetzt noch kurz erläutern.

Ein Fingerzeig für mehr glückliche Momente

Ihren individuellen Weg zu einem Leben mit mehr zufriedenen Momenten und häufigeren Glücksgefühlen müssen Sie zwar selbst suchen. Sie erinnern sich: Dies liegt in der Natur der Glückssuche, sonst würden wir über kurz oder lang beim autoritärem Zwangsglück landen. Und sicherlich sind Sie wenig daran interessiert, dass Ihnen andere vorschreiben, was Sie (gefälligst) glücklich zu machen hat.

Einen kleinen Fingerzeig wollen wir Ihnen abschließend dennoch mit auf den Weg geben. Es gibt mit Sicherheit Menschen, bei denen Sie sich bedeutend wohler fühlen werden als bei den sieben nervtötenden Gute-Laune-Dieben. Anhaltspunkte dafür, welche Menschen Ihnen vermutlich mehr

Wohlgefühl, Vergnügen und Sonnenschein ins Leben bringen werden, liefert der jeweilige Gegenpol zu den bösartigen sieben Gute-Laune-Dieben.

Achten Sie doch einmal verstärkt darauf, wer in Ihrem Umfeld nicht ständig jammert, sondern von positiven Ereignissen berichtet und sich daran erfreut, die Herausforderungen des Lebens zu meistern. Sicherlich werden Sie auch misstrauischen Menschen künftig gekonnt aus dem Weg gehen und stattdessen die Nähe derjenigen suchen, die Ihnen bereitwillig einen Vertrauensvorschuss geben. Chronische Besserwisser sollten Sie ebenfalls daran hindern, Ihnen auf die Nerven zu gehen. Unterhalten Sie sich lieber mit denen, die Sie ernst nehmen, die Ihnen zuhören wollen und die auch an Ihrer Meinung und Ihren Erfahrungen interessiert sind. Um hektische Aktionisten sollten Sie einen großen Bogen machen und stattdessen lieber genussvoll die Kraft aufnehmen, die in sich ruhende Menschen wie ein Fels in der Brandung ausstrahlen. Abstrakt schwafelnde Ideologen können Sie ruhigen Gewissens links liegen lassen, Sie werden sich in der Gesellschaft von zupackenden und handlungsorientierten Menschen sicherlich viel wohler fühlen. Statt sich ungebremsten Informationsfluten auszuliefern, sollten Sie Ihre Insel der Glückseligkeit mit einem Schutzdamm vor emotionaler Überschwemmung sichern. Und statt gelangweilt in Routine zu erstarren, sollten Sie Ihrer Neugier öfter einmal eine Chance geben, um sich spannende neue Welten zu eröffnen.

Vielleicht geht es Ihnen dann wie uns: Wenn wir unverhofft auf Gute-Laune-Diebe treffen oder die Möglichkeit haben, diesen missmutigen Gesellen bei Gelegenheiten wie öffentlichen Veranstaltungen, privaten Partys, beruflichen Anlässen oder auch einfach im alltäglichen Miteinander bei ihrem Treiben zuzuschauen, schleicht sich ein leichtes Grinsen in unsere Gesichter. Mit einem wissenden Nicken denken wir dann: »Ja, ja, schon wieder so ein *Jammer-Junkie*, der mich in sein Jammertal ziehen will ...« oder »Immer diese *Ungeduldsungetüme*, die bremst ja nicht mal der dritte Herzinfarkt aus!« oder »Was für ein *abstrakter Abzocker*, der sollte mal einen halben Tag die Dinge vorleben, die er uns in seiner Sonntagsrede predigt!«

Im Umgang mit Gute-Laune-Dieben Schadenfreude zu empfinden, wäre sicherlich unangemessen, denn schließlich wünschen Sie bestimmt genauso wenig wie wir irgendeinem Menschen ein unglückliches Dasein. Eine gute Portion von innerer Distanz benötigen Sie aber, um mit Gute-Laune-Dieben besser umzugehen und das eigene Glück besser schützen zu können. Lassen sich also von dem bewährten Satz leiten: »Nehmen Sie die Menschen ernst, aber nur so ernst, wie sie sich selbst nehmen!«

Letzte Frage: Steckt das Böse auch in mir?

Tja, eigentlich hatten wir gehofft, um die Beantwortung dieser Frage herumzukommen. Aber unsere gewitzte, lebenserfahrene – und im Umgang mit uns immer positiv gestimmte – Lektorin beim Campus Verlag, Juliane Meyer, hat nach der ersten Manuskriptlektüre die berechtigte Frage aufgeworfen, ob das Böse nicht auch in jedem von uns stecken könne?

Betrachten Sie sich manchmal mit einem Schmunzeln

Aus gutem Grund wollten wir dieser überaus problematischen Frage ausweichen. Psychologiestudenten lernen schon in den ersten Semestern ihrer Ausbildung, dass Menschen negative Eigenschaften mit Vorliebe an anderen kritisieren, positive Eigenschaften dagegen eher sich selbst zuschreiben. Und diese allzu menschliche Erkenntnis wird im alltäglichen Leben so manches Mal bestätigt.

Es gilt also: »Die anderen, das sind die Bösen, die Guten, das sind wir!« Und so werden Ratschläge dann ja auch umso lieber gehört, je mehr sich der Rat an andere richtet. Geht es dagegen darum, sich selbst kritisch unter die Lupe zu nehmen und womöglich auf konkrete Veränderungen im eigenen Leben hinzuarbeiten, sollten die Anregungen von außen sehr diplomatisch vorgebracht werden. Sie erinnern sich an unseren bereits erwähnten Leitsatz in der persönlichen Beratung und in Seminaren: »Wenn du den Menschen die Wahrheit sagen willst, bring sie zum Lachen! Sonst verschließen sie die Ohren!«

Sicherlich hat sich bei Ihnen, wie bei unserer engagierten Lektorin, nach den ersten Schilderungen des bösen Treibens der Gute-Laune-Diebe und möglicher Gegenmaßnahmen erst einmal ein zustimmendes Nicken eingestellt. Dies ist dann hoffentlich an der einen oder anderen Stelle in leichtes Schmunzeln, fröhliches Glucksen oder manchmal vielleicht sogar in ein prustendes Lachen übergegangen – bis zu dem Zeitpunkt, wo Sie innehielten und sich fragten: »Moment mal, das bin ja ich?! Bin ich ab und zu vielleicht selbst einmal von einem Gute-Laune-Dieb besessen? Raube ich anderen – oder noch viel schlimmer: mir selbst – auch öfter die gute Laune?«

Die Antwort darauf ist leider genauso kurz wie eindeutig: »Ja!« Selbstverständlich haben wir alle gelegentlich Anfälle von unangebrachter Jammerei, übertriebenem Misstrauen, störender Besserwisserei, nerviger Ungeduld, ausufernder Schwafelei, pseudoinformativer Betroffenheit oder nervtötender Routine. Und damit nerven wir dann nicht nur andere, sondern stehen auch uns selbst im Weg.

Aber allein schon, wenn Sie sich die Frage stellen, ob dies nicht problematisch sein könnte, sind Sie auf dem richtigen

Weg. Denn die Erfahrung zeigt: Menschen, die über sich und ihre Wirkung auf andere nachdenken, sind unter dem Strich weitaus liebenswürdiger als diejenigen, die ohne Bereitschaft zur Selbstreflexion, also ohne Rücksicht auf Verluste, auf den Nerven ihrer Mitmenschen gnadenlos herumtrampeln.

Wir finden, dass Sie – und wir ebenfalls – durchaus das Recht haben, auch einmal genervt durchs Leben zu gehen und ab und zu sogar einmal die Fassung zu verlieren. Erst wenn dies zum Dauerzustand wird, sieht die Sache wirklich schlecht aus. Von Zeit zu Zeit auftretenden Gute-Laune-Diebstahl halten wir dagegen für allzu menschlich. Hier sollten Sie nicht zu kritisch mit sich sein: Sonst könnte es passieren, dass Sie sich nicht nur über Ihr vorübergehendes emotionales Störfeuer ärgern, sondern anschließend noch darüber, dass Sie sich geärgert haben. Sie merken schon: Dann würde eine ausufernde Negativspirale in Ihrem Gefühlsleben eine dunkle Kraft entfalten, der wir doch gerade entgegenwirken möchten.

Seine Sie also nicht übermäßig streng mit sich. Schärfen Sie lieber Ihre Sinne für die Situationen, in denen das Böse Sie mit aller Macht auf seine Seite ziehen und Sie dazu nötigen will, sich selbst oder anderen die gute Laune zu stehlen. Diesen Herausforderungen mit Stärke zu begegnen, gelingt nicht immer, manchmal aber doch. Uns würde es also nicht überraschen, wenn Sie zukünftig beim Einsetzen von Gute-Laune-Diebstahl-Attacken erst einen gedanklichen Schritt zur Seite gehen, dann ein leichtes Schmunzeln aufsetzen und bei sich denken: »Ja, ja, die Gute-Laune-Diebe versuchen mal wieder, mich in ihren Bann zu ziehen. Heute will ich aber nicht mitspielen. Ätsch!«

Mit anderen Worten: »Wer nie ein Teufel war, für den ist es leicht, ein Engel zu sein.« Alle anderen müssen eben weiter an sich arbeiten. Und das kann sogar ganz spannend sein.

Schlusswort: Starten Sie Ihre persönliche Glücksinitiative!

Liebe Leserinnen und Leser,

wir wünschen uns, dass mehr Menschen als bisher die Gute-Laune-Diebe in ihrer Nähe erkennen und geschickt abwehren, um zu mehr Zufriedenheit, Harmonie und innerer Ruhe zu kommen.

Aus unserer Sicht wird viel zu selten beachtet, dass der Mensch als soziales Wesen nicht alleine durch die Welt geht. Schnell ist das eigene Bemühen um mehr Ausgeglichenheit und glücklichere Momente umsonst – nämlich immer dann, wenn wir auf Menschen treffen, die uns planvoll oder unabsichtlich die gute Laune stehlen.

Es mag zunächst eine schockierende Erkenntnis sein, dass es auch in unserer engsten Umgebung Menschen gibt, die uns etwas Böses wollen. Doch diese Einsicht ist unabdingbar, wenn Sie das befreiende Glück des Handelns zurückgewinnen wollen.

Solange Sie von routinierten Glücksverhinderern in Ihrem Leben hin und her geschubst werden, können Sie sich nicht auf Ihre persönliche Vorstellung vom glücklichen Leben konzentrieren. Befreien Sie sich deshalb aus den Fängen der hinterlistigen Saboteure, die Sie mit aller Kraft blind für Ihr individuelles Sternenhimmelglück machen möchten.

Schütteln Sie die Gute-Laune-Diebe ab, um sich ihren schädlichen Einflüssen zu entziehen. Dann haben Sie den Kopf frei für Ihre ganz persönliche Glücksinitiative. Schnell werden Sie dann feststellen, dass Sie auf dem Weg zum Glück nicht allein sind. Es gibt nämlich viele Gleichgesinnte, die sich genauso wie Sie nach mehr glücklichen Momenten und mehr Zufriedenheit im Leben sehnen.

Veränderungen im Leben herbeizuführen, muss nicht immer mit verbissener Anstrengung und mühseliger Plackerei verbunden sein. Wenn Sie auf Gute-Laune-Diebe treffen, hilft oft schon ein verschmitztes Lächeln. Treten Sie in Gedanken einen kleinen Schritt zur Seite, um die Angriffe ins Leere laufen zu lassen. Gratulieren Sie sich dazu, dass Sie sich fremde Spielregeln nicht einfach aufzwingen lassen. Und genießen Sie, dass Sie selbst darüber entscheiden, was Ihnen gut tut.

In diesem Sinne: Überlisten Sie die Gute-Laune-Diebe. Und lassen Sie sich Ihr Glück nicht stehlen!

Christian Püttjer & Uwe Schnierda

Register